KB201140

슬픔학
개론

삶과 함께하는 죽음 **슬픔학개론**

ⓒ 윤득형

초판 1쇄 인쇄 ㅣ 2015년 6월 25일
초판 3쇄 발행 ㅣ 2022년 2월 10일

지은이 ㅣ 윤득형
발행인 ㅣ 강영란

편집 ㅣ 김지혜, 권지연
디자인&일러스트 ㅣ 지호
마케팅 및 경영지원 ㅣ 이진호

펴낸곳 ㅣ 도서출판 샘솟는기쁨
주소 ㅣ 서울시 충무로 3가 59-9 예림빌딩 402호
전화 ㅣ 경영지원부 (02)517-2045
          편집부 070-8119-3896
팩스 ㅣ (02)517-5125(주문)
이메일 ㅣ atfeel@hanmail.net

출판등록 ㅣ 2012년 6월 18일

ISBN 978-89-98003-20-3(03230)

• 책값은 뒤표지에 있습니다.
• 잘못 만들어진 책은 바꿔 드립니다.

「이 도서의 국립중앙도서관 출판예정도서목록(CIP)은 서지정보유통지원시스템 홈페이지(http://seoji.nl.go.kr)와
국가자료공동목 록시스템(http://www.nl.go.kr/kolisnet)에서 이용하실 수 있습니다.(CIP제어번호: CIP2015016159)」

삶 과 함 께 하 는 죽 음

슬픔학 개론

윤득형 지음

샘솟는기쁨

삶과 죽음을 함께 생각하게 하는 책

김옥라 각당복지재단 이사장
삶과 죽음을 생각하는 회 창설자

〈삶과 죽음을 생각하는 회〉는 '죽음'이란 말이 금기시 되던 1991년 4월, 밀알 하나가 땅에 떨어져 죽음으로 새로 태어난 생명이기도 합니다. 그 후 죽음준비와 슬픔치유를 목적으로 죽음준비의 필요성을 알리는 공개 강좌를 수시로 열었으며, 10여 년간 일만 명 가량 참여했습니다.

2001년부터 소수 지도자 양성에 역점을 두었는데, 그 무렵에 한 청년 목사가 죽음에 관심이 있다면서 만남을 청했습니다. 신학도인 그가 죽음에 관심을 가지고 찾아준 데 감격하였고, 삶과 죽음에 대해 가슴으로 나누게 되었습니다.

죽음 문제를 그와 함께 연구하고 싶었던 나는 파트타임 직원으로 일해 줄 것을 권했습니다. 다양한 분야를 섭렵하고 있던 윤득형 목사를 성실하고 잠재력 있는 미래 지도자라고 믿었기 때문입니다. 그로부터 2년 후, 미국 유학을 권했고, 어느덧 9년간의 형설의 공을 쌓은 그는 마침내 박사 학위를 취득하고 귀국하게 되었습니다. 매우 기쁘고, 그의 아름다운 결실에 감사합니다.

마침 윤득형 박사는 그동안 '삶은 죽음을 통하여 성장하고 슬픔은 표현함으로 치유된다'는 주제로 틈틈이 집필한 『슬픔학개론』을 출간하게 되었습니다. 이 원고를 낱낱이 읽으면서 감동할 수밖에 없었습니다.

저자의 글은 '삶과 죽음을 생각하는 회'에서 연구하면서 얻은 지식과, 유학 중에 배우고 실습한 해박한 지식을 중심으로 죽음의 의미, 철학, 죽음준비 교육, 호스피스 연구 및 실습, 상담 등을 알기 쉽게 안내하고 있습니다. 특히 아버지의 병환과 관련하여 하나님과 약속한 것을 끝끝내 지키려고 고민하고 씨름했던 후일담은 죽음을 대하는 교훈과 지혜를 주기에 충분할 것입니다.

'삶의 마지막(End of Life)'이란 주제는 2015년도 세계 병원의 표어이기도 합니다. 우리 주변의 갖가지 사건, 사고, 자연사 등은 삶과 함께 죽음에 대해 깊이 생각하게 합니다. 이 책을 읽음으로 삶을 다시 바라보고 죽음이 우리에게 주는 메시지, 생명의 존엄을 가슴 깊이 느끼게 되시리라 믿으며 일독을 권합니다.

슬픔은 표현됨으로 치유된다

정태기 박사, 크리스찬치유상담대학원대학교 총장
크리스찬치유상담연구원 원장

명예박사학위 수여를 위해 2011년 5월, 클레어몬트신학대학원을 방문하였습니다. 며칠 머물면서 그곳에서 공부하던 한인 학생들을 만날 기회가 있었고, 그때 삶과 죽음, 슬픔치유에 관심을 가지고 있던 윤득형 목사와 잠시 이야기를 나누었습니다. 한국 사회와 교회를 위해 꼭 필요한 공부를 하고 있던 그를 격려했던 기억이 납니다.

이제 그가 학위 과정을 마치고 이렇게 자신이 공부하고 실습했던 것을 토대로 『슬픔학개론』을 펴내게 된 것을 축하합니다.

우리가 인생을 살아가다보면 많은 문제를 만나게 됩니다. 대부분 우리에게 내재된 문제해결 능력으로 비교적 쉽게 해결되기도 합니다. 하지만 그렇지 않은 종류의 문제들도 있는데, 이것을 위기라고 말합니다.

우리는 부모와 아내, 남편뿐 아니라 자녀를 잃게 되는 위기를 경험하기도 합니다. 예기치 않던 질병이나 사고를 접하기도 하는데, 이는 삶의 주기 안에서 어쩔 수 없이 맞이하게 되는 자연의 이치입니다. 하지만 이러한 죽음은 크나큰 충격과 슬픔을 안겨줍니다. 이러한 슬픔과 고통을 어떻게 극복할 수 있을까요?

저자는 이러한 슬픔을 극복하는 하나의 방법으로 '표현하기'를 이야기합니다. 표출되지 않은 슬픔은 나중에 더 큰 슬픔이 될 수 있습니다. '슬픔은 표현됨으로 치유된다'는 말은 옳은 말입니다. 저자는 자신의 삶의 경험을 바탕으로, 심리학과 신학적인 이론들을 이용하여 그러한 사실을 잘 설명하고 있습니다.

또한 저자는 목회상담적인 견지에서 한국 사회의 죽음 현상과 슬픔치유에 관한 이야기를 잘 담아내고 있습니다. 이 책은 슬픔을 겪는 사람에게 위로를 줄 뿐 아니라, 그러한 사람들을 돕고 싶어하는 분과 삶과 죽음에 대해 깊이 생각하는 분에게 새로운 안목을 열어주는 귀한 책이라 믿습니다. 많은 분에게 이 책을 권해 드립니다.

슬픔학이라고요?

김고광 수표교교회 원로 목사

윤득형 목사가 삶과 죽음을 생각하고 일을 하면서 집필한 글이 책으로 나오게 되어 축하하고 싶다. 그 책을 이름하여 '슬픔학'이라고 붙였다. 한 젊은 목사가 쓰기에는 연륜이 모자라는 것 같고, 제목은 낯설고, 내용은 무겁다. 그러나 이 책을 읽어가다 보면 이것은 우리가 흔히 가지기 쉬운 편견과 어른스러워야 한다는 선입관에서 오는 것임을 금세 알 수 있다.

논어에 '교언영색(巧言令色)'이라는 말이 있고, 노자는 "바른 말은 반대로 들린다"라고 말했다. 아름답게 다듬어진 글이 쏟아져 나오고, 우리 귀를 열나게 하고, 마음에 감동을 주는 말이 많다. 그러나 참다운 것을 말할 때는 그렇게 아름다운 말로 덧칠할 필요가 없고, 정직한 말들은 흔한 감동을 불러일으키지 않는다.

삶과 죽음에 대한 저자의 글은 삶 속에서 죽음을, 죽음 속에서 삶을 함께 그리고 바르게 생각하도록 우리를 이끌어 간다. 특별히 현대인은 실패와 좌절, 아픔과 고통, 죽음과 슬픔 같은 것은 가능한 한 생각하지 않으려 하고, 어쩔 수 없다면 되도록 짧게, 곧 잊어버리려고 한다.

그 결과 현대인의 삶이 더욱 풍성해지고, 깊어지고, 행복해지느냐 하면 그렇지 않다는 것이 현실이다. 겉으론 화려한 풍요, 성공한 듯하지만 내면은 더욱 외로워지고, 더욱 황폐해지고, 자신을 관계성에서 더욱 고립시키고 있다. 삶과 죽음은 같이 가는 동무이고 슬픔과 행복은 우리 곁을 번갈아가며, 나와 이웃, 세계, 하나님도 언제나 함께하고 있다. '죽음의 슬픔'을 깊이 체감하는 사람이야말로 진정한 '삶의 기쁨'을 누리게 되는 것이다.

저자의 글은 설교자에게 흔히 발견하기 쉬운, 정답을 아는 듯 꾸미지 않아도 우리에게 다가오는 것이 있다. 예언자 예레미야는 설교자들이 모든 것을 하나님으로부터 받아 아는 것처럼 말하는 것들을 일러 하나님 말씀을 도둑질하는 것이라고 했다(예 23:30). 예수님도 이를 경고하신다.

"너희 말을 거룩하게 할수록 그 말의 진실성은 떨어진다. 그러면 '그렇다', 아니면 '아니다'라고만 하여라. 자기 뜻을 관철하려고 말을 조작하다가는 잘못된 길로 빠진다(마 5:37. 메시지)."

우리는 이 '슬픔학'을 대하면서 모든 정답을 아는 것처럼, 또는 자기 뜻을 관철하려고 부리는 억지스러운 것 없이 '삶과 죽음'의 현실 앞에서 우리 자신의 생명을 조용히 들여다보도록 우리 모두를 손짓하고 있다.

CONTENTS

상실과 애도 상담에 집중하다

클레어몬트신학대학원에서 공부를 시작하고, 그 다음해로 기억된다. 포틀랜드에서 목회하는 한 선배 목사님이 말했다.

"윤 목사, 언제까지 공부할 거야? 이제 아는 것을 풀어가면서 살아야 될 나이잖아?"

내 삶에 던져진 선배의 말은 조금 충격이었다. 이 말이 충격적이었던 이유는 두 가지였다. 그 무렵은 코스웍 할 때여서 수업을 따라가기에 바쁜 나머지, 지나치게 공부에만 집중하고 주변을 돌보지 않고 살고 있지 않나 자각하게 되었고, 또 다른 이유는 이제 아는 것을 이야기하며 살아야 될 나이구나라고 인식하게 된 것이었다.

그 이후 일상에서 경험하고, 공부하고, 생각하고, 느끼는 삶과 죽음에 관한 이야기를 틈틈이 기록하기 시작하였다. 그러다가 2013년, 우연한 기회에 감리교 월간지 『기독교 세계』에 2년 동안 연재하였고, 그 글들을 재구성하면서 더 많은 사람들과 함께 나누면 좋겠다고 생각하게 되었다.

신학대학교에 입학한 1990년 여름, 루게릭병으로 오래 투병하셨던 아버지가 돌아가셨다. 나는 아버지가 돌아가셨다는 사실을 받아들이는 데 어려움을 겪었다. 그 병은 예수를 믿지 않았던 아버지를 구원케 하시고, 나를 신학대학에 보내 목사로 만들기 위한 하나님의 뜻이라고 믿었기에, 아버지의 죽음은 내가 생각했던 것과는 전혀 다른 스토리의 전개였다.

신학대학과 대학원 과정을 마치고, 목회하면서 안수받은 나는 2000년에 서울의 한 교회 부목사로 부임하였다. 그리고 2002년 월드컵의 열기가 한창이던 여름, 우여곡절 끝에 섬기던 교회에서 러시아 선교사로 파송을 받았다. 선교지를 담당하였던 선교사가 러시아 정부로부터 추방을 당했고, 당장 후임자를 찾을 수 없었기에 담임목사님의 권면과 나의 결단으로 러시아 선교를 하게 된 것이다.

3개월의 사역 후, 비자 연장을 위해 내일이면 한국을 방문해야 했던 내게 담임목사님으로부터 전화가 왔다. '그곳에서 완전히 짐을 싸고 들어오라'는 요청이었다. 선교사를 꿈꾸던 적도 있었고, 기도와 헌신으로 결단한 선교지였는데, 다시 한국에서 부목사로 사역한다는 것이 마음에 내키지 않았다. 하지만 어쩔 수 없는 선택이었다.

그때부터 나를 향한 하나님의 뜻이 무엇인지 묻고 또 물었다. 새벽마다 기도하면서 하나님의 뜻을 구하고 하나님의 소리에 귀기울였다. 목회자의 가정에서 태어난 것도 아니었고, 누구 하나 돌봐줄 사람이 없다는 걸 알기에 더욱 더 하나님의 뜻을 구해야 했다. 앞으로 어떻게 살아야 하고 어떤 목회를 해야 하는지 간구하였다.

그러던 어느 새벽이었다. 드디어 하나님의 세미한 음성을 들을 수 있었다. 하나님께서 내 마음에 이렇게 물었다.

"네가 신학대학에 갈 때 결심한 것이 무엇이냐?"

순간 바닥에 꿇어 앉아 눈물을 흘리기 시작했다. 신학대학에 들어갈 때 누구에게 말한 적도 없이 '아버지처럼 병들고 아파하는 사람들을 위해 헌신하겠다'고 생각했었다. 벌써 12년이 지난 일이었으나 내 마음의 헌신을 기억하시는 하나님 앞에 무릎을 꿇을 수밖에 없었다. 그때부터 이를 어떻게 해야 이룰 수 있을지 고심하게 되었다.

담임목사님께 앞으로 이와 관련된 일을 하겠다고 고백했지만 그것이 어떤 일인지 아무도 알 리 없었다. 그러던 어느 날 담임목사님께서 팩스 한 장을 보여주셨다. 세미나 안내장이었는데, 참석해 보지 않겠냐며 권면하셨다. 내가 일하고자 하는 방향과 흡사한 내용 같다고 덧붙였다. 그것은 바로 각당복지재단 산하 〈삶과 죽음을 생각하는 회〉에서 진행한 죽음준비교육 지도자 세미나였다. 나는 총 8회 세미나에 참여하면서 많은 것을 배울 수 있었다.

그 세미나에서 각당복지재단 이사장인 김옥라 장로님이 강의할 때 궁금한 점을 질문하자, 장로님은 답을 듣고자 한다면 사무실로 오라고 하셨다. 곧바로 장로님을 찾아간 나는 깊이 대화할 수 있는 기회를 얻을 수 있었다. 나의 열정을 높이 평가한 장로님께서는 삶과 죽음에 관련된 여러 가지 이야기와 함께 새로운 비전을 심어 주셨다.

그 후 장로님이 제공한 장학금으로 일본 호스피스 시설을 견학하고, 미국 ADEC 컨퍼런스에 참여하였다. 그뿐이 아니었다. 각당복지재단에서 파트타임으로 일해줄 것을 제안하셨고, 2년 동안 청소년 죽음준비교육 연구실장으로 일하게 된 나는 죽음준비교육에 대해 많은 것을 깨우칠 수 있었다. 죽음준비교육 지도자 과정 기획을 돕기도 하고, 호스피스 교육에 참여하였으며, 청소년 죽음준비교육 세미나를 진행하고, 공동추모제를 직접 연출하기도 했다. 이를 하나님께서 원하시는 일이라 믿었던 나는 기쁨으로 일할 수 있었다.

그 즈음, 김옥라 장로님께서 유학을 권면하시는 것이 아닌가. 아직 젊고, 한국은 죽음학 분야가 미처 발전되지 않은 상황이어서 보다 많은 일들을 하기 위해 미국에서 공부해 보라고 하셨다. 사실 유학을 꿈꿔 본 적은 없었지만, 죽음학에 대한 발전적인 연구와 활동을 위해 유학이 필요하다면 도전하고 싶었다.

첫 번째 관문은 토플 시험이었다. 영어 공부를 유난스레 따로 하지는 않았지만 고등학교 영어 성적이 좋았던 나는 괜한 자신감이 있었다. 하지만 자신감일 뿐이었다. 한 달 동안 토플 종합반 저녁 시간에 등록하여 공부했으나 첫 시험 결과는 형편없었다. 하는 수 없이 휴직하고 토플에만 매달리기로 했지만 만만치 않았다. 두 번째, 세 번째 시험 점수도 입학 기준에 약간 못 미쳐 더욱 안타깝기만 했다.

그해 1월 중순에 네 번째 시험을 치러야 했는데, 대부분 미국 대학원 지원 마감이 임박한 시점이었다. 사실 이 시험에서 떨어지면 유학을 위해 일년을 더 기다려야 하는 상황이었다. 마음이 조급해졌다. 나는 하나님의 뜻을 간절히 구해야 했다.

시험을 앞둔 하루 전날 밤이었다. 나는 필사적으로 기도했다.

"하나님, 혹시 미국 유학이 하나님의 뜻이 아닌데 토플 준비를 하고 있다면, 형편없는 점수를 주셔서 포기하게 하시고, 하나님의 뜻이라면 커트라인을 훨씬 뛰어넘는 점수로 하나님의 뜻임을 확증해 주십시오."

다음날, 컴퓨터 화면에서 시험 점수를 확인하면서 유학이 하나님의 뜻이라고 믿었고, 시카고신학대학에 입학할 수 있었다. 이 학교는 죽음 연구로 일생을 마친 엘리자베스 퀴블러 로스(Elizabeth Kubler Ross)가 죽음 세미나를 시작할 수 있도록 동기를 제공한 네 명의 학생이 다녔던 학교였다. 뜻밖에 이 사실을 아는 또래 학생들은 없는 것 같았다. 또한 미국 CPE의 창시자 안톤 보이즌이 교수로 재직하던 학교이기도 해서 자부심이 컸다.

시카고신학대학에서 MA과정을 마치고 클레어몬트신학대학원 PhD 과정에 입학한 것 또한 하나님의 은혜였다. 클레어몬트의 목회상담 분야는 미국에서 인정받는 좋은 프로그램을 가지고 있었고, 내게 실제적인 도움을 주었다. 일 년 동안 네 번의 병원 임상목회교육(CPE)을 통해 미국 병원에서 채플린 사역을 하면서, 지금은 은퇴하신 윌리엄 클레멘트 교수님을 통해 슬픔치유에 대해 깊이 있게 공부할 수 있었다. 캐서린 그라이더(Katherine Greider) 교수로부터 상담의 이론과 실제, 학문의 엄격성을 배우고, 한인 1.5세인 이경식(Samuel Lee) 교수님의 지도로 논문을 완성할 수 있었다. 늦은 나이에 시작한 공부였지만, 분명한 목표가 있었던 나는 느리게나마 모든 과정을 잘 따라갈 수 있었다. 또한 죽음과 관련된 여러 가지 주제에 대해 스스로 공부했고, 전공 분야인 목회상담 중 상실과 애도 상담 공부에 더욱 집중했다.

그렇다고 공부를 마친 후에야 나의 삶이 있다고 생각하지는 않았다. 현재 주어진 삶의 의미에 충실하려 노력했다. 공부와 교회 사역을 병행했고, 아내도 몇 해 전부터 파트타임으로 직장 일을 하면서 가정을 가꾸었다. 어린 두 딸과 가급적 함께 시간을 보내려고 애쓰며, 삶에 주어진 것들을 감사하며, 매 순간 행복한 삶을 만들고자 했다. 그렇게 시간이 흘렀다.

2006년 여름, 미국에 온 이후 한 번도 한국에 들어가 보지 못한 채 9년이라는 세월이 지났다. 미국에 오자마자 태어난 둘째 승연이가 9살이고, 3살 때 아무것도 모르고 엄마 아빠를 따라온 큰아이 승희는 12살이다. 이제 나의 삶과 함께 아이들의 삶을 고민해야 할 때가 되었다. 그렇게 삶이 순환되어 가는 것을 느끼고 있다.

개인적인 경험을 바탕으로 하고 있는 이 책은, 죽음학과 슬픔치유에 관한 이론들을 기술하면서 죽음준비교육, 병원과 호스피스에서의 죽음, 어린이와 죽음, 의례와 죽음, 기독교와 죽음, 사회와 죽음에 대해서 다루고 있다.

『슬픔학개론』은 딱딱한 학문적인 개론서가 아니다. 인간의 삶과 죽음, 슬픔과 치유에 대한 이야기다. 죽음으로 인한 슬픔과 아픔은 표현되고, 의미가 부여되고, 새로운 사명으로 전환될 때, 치유되고 회복되어진다. 이것이 슬픔이 지닌 하나의 미학이라고도 말할 수 있다.

이 책을 통해 관련 분야의 연구자에게 죽음과 슬픔치유에 대한 또 하나의 이해와 통찰력을 제공하고, 신학생에게 신학적인 차원에서의 연구 방향에 대한 관점을 제공하며, 목회자에게는 실제 목회에서 접목할 수 있는 정보와 방향을 제시하고자 한다.

교회 지도자와 일반 성도에게는 삶과 죽음에 대한 이해를 높여주는 데 이 책이 공헌되기를 바란다. 마지막으로 처음 이 책의 원고를 읽고 선뜻 출판을 결정해 주신, 샘솟는 기쁨의 강영란 대표님께 감사의 마음을 전한다.

저자 윤득형

PART
1

죽음, 슬픔, 치유

슬픔은 극복의 대상이 아니라 잘 어루만져 주어야 할 감정의 영역에 있다.
마음의 아픔은 먼저 세상을 떠난 이들이 남겨준 새로운 삶의 의미를 자각하고,
그 의미 있는 일에 자신을 던짐으로써 조금씩 회복되고 치유되는 것이다.

Do not be afraid of crying

삶에
의미
부여하기

누구에게나 분명한 삶의 전환점이 있고, 그 동기를 부여한 사람이 있을 것이다. 나에겐 어린 시절 아버지의 죽음이 바로 그것이다.

어느 날, 오랫동안 경찰 공무원으로 근무하던 아버지께서 몸에 이상이 생기셨다. 잠시 건강을 회복하고 근무하기 위해서 휴직을 신청하셨지만 좀처럼 나아질 기미가 보이지 않았다. 아버지의 건강은 더 악화되었고, 이름조차 알 수 없는 병으로 몸이 점점 말라가면서 팔다리의 근육은 아예 힘을 쓸 수 없을 정도가 되었다. 아버지의 병이 시작된 고등학교 2학년일 때 나는 교회와 기독교를 유난히 싫어하던 아버지의 핍박을 무릅쓰고 형을 따라 열심히 신앙생활을 하고 있었다.

그 당시 우리 형제는 부모님의 구원을 위해 기도해 왔고, 아버지의 병이 낫기를 간절히 기도하였다. 교회의 전도사님들과 어른들이 함께 기도하기도 했다. 어떤 분은 지금이 부모님을 구원하기에 좋은 기회라고 말하기도 했고, 내가 신학을 공부하여 목사가 되라는 하나님의 뜻이라고 하기도 했다. 그 말을 정말 믿었던 나는 심청이가 아버지의 눈을 뜨게 하기 위해 인당수에 몸을 던지듯이, 아버지의 병을 낫게 하기 위해 하나님께 나를 바치겠다며 신학대학을 선택했다.

그리고 진심으로 걱정하고 기도해 주셨던 많은 교인들과 목사님, 전도사님들의 방문으로 인해 아버지의 마음이 열리고, 집에서 예배하게 되었다. 마침내 아버지는 휠체어에 몸을 맡긴 채 교회에서 세례를 받았다. 당시에는 미처 알지 못했지만, 그때 내 인생을 뒤집을 서원 기도를 하나님께 드린 기억이 선명하다.

"하나님, 신학대학에 가서 목사가 되든 뭐가 되든 나의 삶을 아버지처럼 병들고 죽어가는 사람들을 위해서 헌신하겠습니다."

그렇게 헌신하기로 다짐했지만 사실 다른 사람들은커녕 아버지의 병간호조차 제대로 하지 못했다. 병간호는 언제나 어머니의 몫이었고, 부끄러운 이야기이지만 어떻게 하면 집에 늦게 들어갈지 궁리한 적도 있었다.

나중에 아버지의 병명이 루게릭병이라는 알게 되었다. 근위축성측삭경화증(ALS)이라고 부르기도 한다. 근육이 점점 말라가고, 호흡장애로 죽는 병이다. 미치 앨봄의 『모리와 함께 한 화요일』에 등장하는 모리 교수가 앓았던 병이고, 영화 〈내 사랑 내 곁에〉에서 배우 김명민이 환자로 연기했던 바로 그 질병이기도 하다.

이 병은 환자가 몸을 전혀 쓸 수 없게 되기 때문에 간병하는 사람이 일일이 다 챙겨야 한다. 모리 교수가 마지막에 자신의 대변도 자신이 처리하지 못하는 것에 대한 수치심을 느꼈던 것처럼, 아버지도 나와 형의 도움을 받을 때마다 그러한 마음이 들었을지도 모르겠다.

1990년 8월이었다. 3박 4일의 교회 수련회를 마치고 집으로 돌아온 다음날, 아침에 일어났으나 여전히 피곤했던 나는 소파에 비스듬히 기대고 있었다. 그때 희미하게 아버지께서 부르는 소리가 들렸다. 서둘러 아버지에게 다가가서 필요한 것이 무엇인지 물었다. 뭐라고 말씀하시는 듯하던 아버지는 목소리가 잘 나오지 않았는지, 그냥 나가라는 듯 가녀린 팔을 힘없이 저으시길래 곧바로 방을 나섰다. 몹시 피곤한 탓에 별다른 생각 없이 다시 거실 소파에 누워 있었다. 그런데 잠시 후, 어머니의 비명소리를 듣게 되었고, 사태의 심각성을 감지할 수 있었다. 아버지가 돌아가신 것이다.

그렇다면 조금 전에 아버지가 부르신 것은 당신의 운명을 감지하신 마지막 부름이었던가! 내 자신이 너무나 부끄러웠다. 아버지가 돌아가신 것에 대한 슬픔보다 죄책감과 부끄러움으로 뒤엉켜 눈물을 쏟아냈다. 아버지의 발을 부여잡고 있다가, 혹시나 다시 깨어나시지는 않을까 해서 몸을 주물러 드리기도 했다. 거칠게 돋은 아버지의 수염을 면도해 드렸어야 했다는 자책을 하면서 한동안 넋을 잃고 있었다. 24년이 지난 지금도 그 순간이 생생하다. 받아들일 수 없는 현실 앞에 멍하니 앉아 하염없이 바라보던 아버지의 발.

장례 일정을 모두 마치고 정신이 돌아왔을 때 많은 생각이 떠올라 멈추지 않았다. 그 중에 가장 큰 의문은 과연 하나님은 어디에 계시는 지에 대한 것이었다. 아버지를 위해 나를 바쳤는데 아버지 병이 낫기 는커녕 돌아가시다니? 그동안의 기도는 헛된 것이란 말인가? 그럼 왜 신학대학에 들어간 것인가? 아버지 병이 내가 신학대학에 들어가기 위한 하나님의 뜻이라면, 아버지는 그 뜻 때문에 희생된 것인가? 병이 나을 것이라던 권사님들의 기도, 그들의 말은 다 거짓이란 말인가? 그 동안 주변에서 들었던 말들이 오히려 내게 상처가 되었고, 학교를 그 만 둘까 생각하면서 한동안 방황의 시간을 멈추지 못했다.

그 시간이 지나면서 아픔과 슬픔의 한가운데 서 있는 사람에게 섣 불리 하나님의 뜻을 말하는 것은 바람직하지 못한 위로의 방법이라는 것을 깨닫게 되었다. 그들은 하나님의 뜻을 생각하고 받아들일 만한 마음의 상태가 아니기 때문이다. 혹시 적당한 위로의 말을 찾지 못해 그저 '하나님의 뜻이 있겠지요'라고 말하는 것 또한 삼가는 것이 좋다. 차라리 아무 말 없이 손을 잡아주고 함께 있어 주는 것만도 못하다. 물 론 그렇게 해서 쉽게 하나님의 뜻을 찾아 현재의 상황을 버티고 이겨 나갈 힘을 제공받을 수 있지만, 시간이 지나면서 더 큰 실망감과 좌절감을 경험할 수 있다. 어쩌면 후자가 나의 경험이었을 것이다.

　클레어몬트에서 상담학을 공부하면서, 상담치유 방법 중 〈이야기치유(Narrative Therapy)〉와, 〈슬픔치유상담 이론〉 중 '의미 만들기(Meaning-Making) 이론'에 큰 관심을 갖게 되었다. 두 개의 이론은 서로 긴밀히 연관되어 있다. 이 이론의 기초는, 누구나 가지고 있는 삶의 이야기 속에 삶에 관한 가치와 목적이 들어 있다는 것이다.

　삶의 이야기는 자기자신이 주인공이 되어 구성해 가지만, 그 안에는 주변 인물들이 포함되어 있다. 그 중에 내 삶의 이야기를 함께 만들어 가는 중요한 역할을 하는 사람이 있기도 하다. 그런데 바로 그 사람이 갑작스러운 죽음을 당했다면, 내가 꿈꾸고 계획하고 원했던 삶의 이야기에 큰 영향을 미치게 된다. 이로 인해 슬픔과 절망, 분노와 죄책감 등의 감정을 느끼게 된다.

　어린 시절, 아버지의 병이 회복되어 하나님께 감사와 찬양을 드리게 되는 꿈을 꾸었다. 내 삶의 의미는 가족이 예수를 믿고 함께 교회에서 예배하고, 아버지처럼 병든 사람들을 위해 일하는 그저 그런 소박한 삶의 이야기를 만들어 가는 것이었다. 하지만 아버지의 죽음은 당시 삶의 의미를 송두리째 빼앗아가고 말았다. 그래서 하나님을 원망했고, 주변 사람들을 탓했고, 나 자신에게 몹시 화가 났다. 아버지의 구원과 육신의 회복을 위해 기도하면서 예수를 믿고 세례를 받으신 것만으로도 기뻤지만, 정작 나는 그 예수가 추구했던 사랑을 제대로 실천하지 못했다는 죄책감이 더해 갔다.

하나님에 대한 원망과 사람들에 대한 실망, 나 자신에 대한 수치심으로 수 개월을 지내고 나서야 삶의 의미를 새롭게 부여하며 새로운 이야기를 써 나갈 수 있었다. 내 경험과 현실을 있는 그대로 받아들이고, 지금 내게 요구하시는 하나님의 뜻을 찾기 시작한 것이다. 그러면서 예전에 나의 결심을 재확인할 수 있었다. 목사가 되어 아버지처럼 아프고 병든 사람들, 죽어가는 사람들을 위해 살겠다는 그 결심을 다시 한번 마음속 깊이 되새기게 된 것이다. 이렇듯 삶의 의미를 새롭게 해석하고 결단하고 나서야 다소 정상적인 삶으로 복귀할 수 있었다.

이야기치유에서 상담가는 내담자의 이야기 속에서 그가 인지하고 있지 못한 부분이나 잘못 이해하고 있는 것, 뒤틀려 버린 이야기를 새롭게 구성(Re-authoring)하도록 돕는다. 또한 내담자의 이야기 속에서 여러 가지 전개될 수 있는 다양한 각색들(Plots)이 있음을 인지하도록 하고, 새로운 해석을 할 수 있도록 도울 수 있다. 그리하여 새로운 삶의 이야기가 다시 시작되도록 하는 것이다. 나의 경험을 비추어 볼 때, 나 또한 이러한 과정을 겪었다. 비록 특정한 상담가는 없었지만, 당시 나의 이야기를 들어주고, 믿어주고, 지지해 주었던 신학교 친구들의 도움이 컸음은 더 말할 나위가 없다.

시간이 흘러 목사가 되었다. 이후 목회하면서 잠시 잊었던 그 시절

나의 소명을 10년이 지나 다시금 하나님께서 깨우쳐 주셨고, 교회를 사임하고 사회복지법인 각당복지재단 〈삶과 죽음을 생각하는 회〉의 연구실장으로 2년간 일하다가, 미국 유학생활을 시작하게 된 것이다.

나는 나를 향한 하나님의 뜻을 믿는다. 또한 하나님의 뜻은 남들이 여기 있다 저기 있다 말할 것이 아니라, 오직 내 안에서 나를 향해 계속해서 말씀하고 있다는 사실을 믿는다.

의미 만들기
이론 Meaning-Making Theory

의미 만들기 이론은 구성주의(constructivism)의 영향을 많이 받았다. 구성주의의 기본적인 원리란 인간은 자신의 삶의 이야기를 의미 있게 만들고 유지하고자 하는 경향이 있다는 것이다.

이러한 원리 안에서, 인간의 인식은 일상 속에서 일어나는 사소한 일들을 자신이 이해하고자 하는 큰 틀 안에 자신만의 이야기로 만들어 낸다. 또한 이러한 이해와 해석의 범위 안에서 특정 삶의 목표를 설정하고, 사회적인 행동을 결정한다는 것이다.

그러므로 한 개인의 자아 정체성은 필수적으로 자신의 내러티브 성취로 인해 가능해진다. 인간은 자기자신에 대한 이해와 다른 사람들에게 보여주고자 하는 모습을 이야기를 통해서 만들어 나아가기 때문이다. 이렇게 형성된 이야기는 삶을 구성하고 규정하는 근간으로 자리 잡게 된다. 또한 자신의 이야기를 지탱시켜주는 것은, 삶은 가치 있고 그런대로 정의와 자비가 있다는 믿음이다.

그런데 삶은 자신이 원하는 방향대로 진행되지 않는다. 생각지 않은 갑작스러운 큰 사건을 만나게 될 때 믿음이 흔들리게 된다. 특히 죽음으로 인한 상실은 세상이 위험하고, 예측불허하며, 정의롭지 않다는 생각을 갖게 만든다. 더욱이 자신의 삶에 있어서 중요한 역할을 하는 사람의 죽음은 자신의 삶을 유지시켜 주는 근간을 잃게 된다. 이로 인해 인간의 유한함을 생각하게 되며, 신의 존재와 죽음 이후 세계에 대한 궁금증을 자아내게 되며, 삶의 의미를 다시 찾고자 하는 과정을 겪게 되는 것이다. 이것이 바로 의미 만들기(meaning-making)의 과정이다.

의미 만들기는 크게 두 가지 과정으로 구성된다.

첫째는 센스 메이킹(sense-making)이다. 이는 상실 이전의 자신의 믿음과의 연계 속에서 사랑하는 사람의 죽음의 의미를 찾거나, 혹은 기존의 믿음과 다른 방향에서 의미를 찾으려고 하는 노력이다.

둘째는 베네핏 메이킹(benefit-making)이다. 센스 메이킹을 통해서 죽음을 받아들이고 삶의 의미를 재구성하고 난 후에는, 이를 삶 속에서 의미 있는 행동으로 전환하는 과정을 갖게 되는데, 이것이 바로 베넷핏 메이킹의 과정이다.

많은 학자들의 연구 결과, 이러한 의미 만들기 과정을 통해서 사랑하는 사람의 죽음과 삶에 대한 의미를 찾은 사람은 그렇지 않은 사람들보다 더 짧은 애도의 과정을 겪게 되고, 새로운 삶의 환경에 더 잘 적응한다고 말한다.

- Robert A. Neimeyer, "Fostering Posttraumatic Growth," *Psychological Inquiry* 15 (2004): 53–59.
- Robert A, Neimeyer, Laurie A. Burke, Michael M. Mackay, and Jessica G. van Dyke Stringer. "Grief Therapy and the Reconstruction of Meaning: From Principle to Practice,"*Contemporary Psychotherapy* 40 (2010): 73–83.

슬픔은
표현됨으로
치유된다

　　아버지가 돌아가신 지 벌써 24년이 되었다. 대학교 1학년일 때여서 다른 사람들보다 조금 일찍 아버지를 여읜 셈이다. 때로는 다른 사람들과 대화하던 중에 아버지에 대한 질문을 받을 때가 있다. 나는 자연스럽게 대답한다.

　　"저는 아버지가 안 계세요."

　　그러면 사람들은 대부분 '미안하다'고 반응한다. 물론 '미안하다'는 말의 의미를 이해하지만, 가끔 연배가 비슷한 사람에게 그 말을 듣고 나면 이어서 묻기도 한다.

　　"뭐가 미안하세요?"

　　상대방은 당황스러운 듯 그저 우물쭈물 얼버무린다.

　　사실 내 입장에서 보면 '미안하다'는 말을 듣는 것보다 언제, 어떻게 아버지가 돌아가셨냐고 묻는 편이 더 낫다. '미안하다'는 말은 대화를 단절시키고 오히려 더 어색한 분위기를 만들기도 한다. 어쩌면 뭐라고 해줄 말이 없어서 다른 대화로 넘어가자고 하는 무의식의 의도였을지도 모르겠다. 사실 돌아가신 분에 대한 이야기를 꺼낸다는 것이 자연스럽지 않다. 하지만 이때를 그냥 지나치게 되면 다시 물어볼 기회를 놓치고 말 것이다.

많은 사람들이 돌아가신 분에 대한 이야기를 꺼낸다면 상대방에게 슬픔을 가중시킬 것이라고 추측한다. 그래서 미안하다고 말하는 것이다. 하지만 꼭 그렇지 않다. 슬픔치유는 그 슬픔을 표현하는 데에서 시작하기 때문이다. 또한 슬픔을 안고 있는 사람들의 이야기를 경청(Empathetic Listening)하고 어떤 감정을 느끼는지 드러나게 하고, 확인시켜 줌(Validating Feelings)으로써 슬픔을 표현하고 치유되도록 도울 수 있다.

클레어몬트에서 공부하면서, 클레멘트(William Clements) 교수의 수업을 선택하여 들은 적이 있었다. 강의 제목은 '사별한 사람들을 위한 목회상담(Pastoral Care and Counseling for Bereavement)'이었는데, 첫 수업이 끝날 무렵, 클레멘트 교수는 과제 하나를 내 주었다. 나의 인생에서 중요한 상실의 경험을 어린 시절부터 시작하여 지금까지 그래프를 그려서 표시하고, 그 상실은 어떤 건지, 그때 무엇을 느꼈는지, 지금은 어떻게 생각하는지 등에 대해 써 오는 것이었다.

나는 지난 삶을 생각하면서, 그래프에 19살을 표시하고 '아버지의 죽음'이라고 쓰고 나서 그때 경험했던 것들, 그때의 감정, 지금 느끼는 것에 대해 3장 정도의 페이퍼를 작성하였다.

다음 수업 시간이었다. 한 명씩 돌아가면서 상실의 경험을 나누기 시작하였다. 내 차례가 되었다. 상실의 경험에 대해서 먼저 간략히 설명한 나는 페이퍼를 읽어 나갔다. 그런데 병든 아버지를 제대로 간호하지 못한 죄책감에 대한 내용을 읽던 중에 그만 감정이 요동치고 말문이 막히더니 눈물을 쏟아내고 말았다.

한참 동안 말을 잇지 못했다. 그렇게 정적이 흐르는 강의실에서 어떻게 해야 될지 모르는 채 조용히 흐느끼다가 그만 엉엉 울어버리고 말았다. 이곳저곳에서 티슈가 전달되었고, 교수님도 아무 말 하지 않고 조용히 기다리고 있었다.

잠시 후, 읽기를 멈춘 나는 왜 이러한 감정을 표현하게 되었는지, 내가 얼마나 나쁜 아들이었는지, 아버지 간호에 힘이 드셨던 어머니에게 얼마나 죄송한 마음이 들었는지에 대해 이야기했다.

내 이야기를 다 마치자, 교수님은 학생들 모두 손을 맞잡게 한 다음 잠시 나를 위해 기도해 주셨다. 그리고 나서 슬픔치유는 이렇게 표현됨으로 시작된다고 알려 주셨다. 그밖에 돌아가신 아버지에게 편지로서 내 마음을 표현해 보는 것도 좋은 방법이라고 말씀하셨다.

생각해 보니 그동안 아무에게도 이러한 감정을 제대로 터놓고 이야기한 적이 없었다. 친한 친구들에게 조차 부끄러운 마음에 이야기하지 못했던 것이다. 그렇다고 누가 내 마음이 어떤지 물어보지도 않았다. 앞서 언급했던 것처럼 그저 '미안하다'는 말로 인해 아버지의 죽음에 대한 이야기는 지속되지 못했다.

슬픔을 당한 사람에게는 누군가 이야기를 들어줄 사람, 울음을 받아줄 신뢰할 만한 사람이 필요하다. 폐암으로 투병 중이던 감신대의 어느 교수님이 페이스북에 쓰신 글 중에, 그분이 폐암이라는 소식이 알려지자 사람들이 점차 직접적으로 이야기하기를 피하는 것 같았다고 한다.

이와 비슷하게 사람들은 슬픔을 당한 사람들에게도 이야기하는 것을 꺼려 한다. 적당히 할 말을 찾지 못할 수 있다. 하지만 여러 말을 할 필요는 없다. 진실한 한마디의 질문으로 슬픔을 당한 사람이 마음을 표현하도록 도울 수 있다. 가령 간단한 질문을 통해 마음을 열고 대화할 수 있는 기회를 마련할 수 있는 것이다.

"요즘 어떻게 지내세요?"

"마음은 좀 어떠신가요?"

"아이들은 잘 지내나요?"

실제로 호스피스 사역을 하면서 이러한 경우들을 경험하기도 한다. 미국에서 호스피스 사역은 환자가 있는 가정을 방문하는 가정방문 호스피스가 대부분이다.

오랫동안 방문했던 67세의 한 히스패닉 환자가 돌아가셨다. 나는 돌아가신 환자의 부인에게 위로의 전화를 했고, 기회가 되면 방문하겠다고 했다. 어느 날, 그 집에서 가까운 곳의 환자를 방문할 기회가 있어서 그 부인에게 전화했다. 부인은 내 전화에 감사하며 꼭 와 주기를 청했다.

그 집으로 들어서는 순간, 나를 부둥켜 안은 그녀는 한참 울었다. 어느 정도 진정된 후, 그녀의 이야기를 듣게 되었다.

"목사님, 남편이 죽고 나서 한 번도 밖에 나가지 못했어요!"

남편의 장례식 이후 사람들이 자기와 이야기하는 것을 회피한다고 느꼈고, 실제로 얼마 전 친한 사람들과의 모임에 자기만 초대받지 않았다고 했다.

친구들은 부부동반 모임에서 자칫 돌아가신 그녀 남편의 빈자리를 염려하여, 그녀를 배려하는 마음으로 초대하지 않았을 것이다. 하지만 그녀를 더 배려했다면, 그 모임을 그녀를 위로하는 자리로 만들어도 좋았을 것이라 생각된다.

소외당하는 듯한 느낌은 오히려 슬픈 마음을 더 가중시킬 것이다. 주변 사람들은 슬픔을 당한 사람이 평소같이 활동할 수 있도록 도와야 한다. 특별히 사랑하는 사람을 잃고 난 처음 몇 주 동안은 그 충격으로 현실 감각을 잃고, 자신의 감정이 어떠한지 알지 못한다. 이러한 기간에는 갑작스런 결정을 내리지 않도록 주변의 도움이 필요하다.

죽음을 부정하거나, 죄책감을 느끼거나, 의사나 의료진, 다른 가족, 혹은 하나님에 대한 분노의 마음을 갖는 것 또한 자연스러운 과정이다. 목회자나 주변의 가까운 사람들은 이러한 감정을 느끼는 사람에게 그 감정을 충분히 표현할 수 있도록 도와야 하며, 절대로 감정을 억누르는 말을 하지 않도록 주의해야 한다.

사람들이 실수하기 쉬운 것은, 슬픔의 감정을 눈물로 표현하는 것을 마음이 약해진 것이라 생각하고 '울지 마' 혹은 '힘 내'라고 말하는 것이다. 경우에 따라 이러한 말이 필요하다. 하지만 울고 있는데 울지 말라고 하는 것보다는 공감의 표현이 낫다.

"마음이 많이 힘들겠구나."

사실 눈물을 흘리는 것은 감정을 토로하는 하나의 방편일 뿐 아니라 위로받고 싶어하는 마음의 표현이기도 하다. 또 한 가지 주의할 것은 우는 사람에게 다가가서 등을 쓰다듬어 주거나, 손을 잡아 주는 행위는 자칫 눈물로 표현하고자 하는 감정의 과정(Emotional Process)을 멈추게 할 수 있다. 그래서 충분히 울음으로 표현하도록 그대로 내버려 두고 이야기를 계속 경청하며, 이따금 감정을 이해하고 공감하는 짧은 말을 건네주는 편이 낫다. 스스로 감정을 추스르고, 눈물이 멈추었을 때 손을 잡고 기도해 주는 것이 효과적인 상담 방법이다.

슬픔은 시간이 지나면 자연히 치유되는 것이 아니다. 제때 제대로 표현하지 못하면 어느 순간 더 걷잡을 수 없는 슬픔, 외로움, 공허, 우울함을 느끼게 된다. 또한 슬픔은 극복되는 대상이 아니다. 슬픔은 새로운 상황에 적응해 가는 하나의 과정이다. 예전에 학자들은 슬픔의 단계 이론들(Stage Theories)을 제시하였다. 그리고 그 단계의 마지막에서는 예전과 같은 삶으로 회복되어진다고 말해 왔다. 하지만 최근 이론에서는 모든 사람들이 그 과정을 순서대로 따르는 것도 아니고, 슬픔이 지속되는 기간도 다르며, 사람마다 독특한 방식으로 그 슬픔의 과정을 겪는다고 믿는다.

그래서 상담학자 캘리(Melissa Kelly)는 말한다.

"No two experiences of grief are the same."[1]

두 가지의 똑같은 슬픔의 경험은 없다.

상실에 대한 반응

Grief Reactions

소중한 사람을 죽음으로 인해서 잃게 될 때 애도나 비탄의 과정을 겪게 된다. 대부분 사람들은 상실 직후로부터 8-10개월까지 상실로부터 오는 감정적, 인지적, 육체적, 행동적인 반응을 나타내게 된다. 이러한 반응을 이해하는 것은 남겨진 가족의 상황을 이해하고 돌보는 데 도움이 된다.

먼저 주요한 감정적 반응은 무감각, 공허감, 외로움, 고립감, 두려움, 죄책감, 수치심, 분노, 슬픔, 좌절, 절망 등이다. 초기 상실에 대한 소식을 듣게 됐을 때 무감각해지는 것은 큰 충격을 경감시키기 위한 일종의 자기방어 기제이기도 하다.

분노는 많은 사람들이 느끼게 되는 감정이다. 분노의 대상은 죽은 사람이 되기도 하고, 의료진, 가족, 하나님을 향하기도 한다. 죄책감을 느끼는 경우는 오랜 병간호로 인해 불평하는 마음을 가지고 있었다거나, 가정의 문제로 다툼을 하고 난 후에 사고가 났거나, 자신의 잘못이라고 생각하는 경우이다.

가장 빈번하게 나타나는 초기의 인지적인 반응은 불신(믿기지 않음)이다. 갑작스러운 죽음에 대한 소식을 들었을 때, 사람들은 '설마' 혹은 '아니야. 그럴 리 없어'하는 마음을 갖게 된다. 이들은 죽음에 대한 사실을 믿지 않으려 할 뿐 아니라, 정신적인 혼란을 겪는다. 일에 집중하지 못한다거나 기억력에 일시적 장애를 겪을 수 있다. 아니면 반대로 어떤 일에 몰두하게 되거나 강박적인 생각을 가지게 될 수 있다.

육체적인 증상에 대해서 에릭 린데만(Erich Lindemann)이 지적하는 것은, 목이 메임, 일시적인 호흡곤란, 한숨, 뱃속에 느껴지는 공허감, 근력의 약화 등이다. 린데만은 이러한 몸이 느끼는 비통함은 대개 20-60분 가량 지속적으로 요동한다고 말한다. 그 외에 일반적인 육체적 증상은 두통, 불면, 식욕부진, 체중감소, 피곤함, 빈혈, 소화불량 등이다. 상실 이후에 겪게 되는 이러한 육체적인 증상은 전혀 이상한 것이 아니다. 상실은 우리의 감정뿐 아니라 몸 전체가 슬퍼하기 때문이다.

마지막으로 행동적인 반응 중 가장 빈번히 나타나는 것은 외출을 삼가게 되고 혼자 있고 싶어지는 것이다. 또한 잠을 이루는 데 불편함을 느끼고 식사를 거르는 일이 많아지기도 한다. 어떤 사람들은 죽은 사람을 떠올리게 될 만한 물건들을 치워버리기도 하고, 어떤 사람들은 오히려 소중한 기억을 간직하기 위해서 그러한 물건들을 치우지 않거나 오래도록 유지하기도 한다. 그리움에 종종 눈물을 흘리거나 한숨을 쉬는 일도 빈번히 나타날 수 있다. 사랑하는 사람이 죽었던 장소나, 병원, 무덤을 찾는 일은 전혀 이상한 일이 아니다.

하지만 기억해야 할 것은 모든 사람들이 이러한 감정적, 인지적, 육체적, 행동적인 반응들을 다 보이는 것은 아니며, 개인마다 슬픔을 표현하는 방식이 다르다는 것이다.

- Kenneth Mitchell and Herbert Anderson, All Our Losses, *All Our Griefs: Resources for Pastoral Care* (Philadelphia: Westminster Press, 1983), 61-82.
- William Worden, *Grief Counseling and Grief Therapy: A Handbook for the Mental Health Practitioner*. 4th Edition (New York: Springer Publishing, 2009), 19-31.

상실과 회복

목회상담 학자인 캐리 도어링(Carrie Doehring)은 30년 간의 상담 경험을 통해, 상담하러 오는 사람들의 문제를 분석했다. 그 결과, 많은 사람이 상담의 자리에 가지고 오는 문제를 세 가지 유형으로 나누었다.

첫 번째는 상실(Loss)이다. 이 범주는 삶의 주기에서 겪는 통과의례를 포함한다. 이별, 결혼, 이혼, 은퇴, 건강상의 문제, 노년, 그리고 죽음과 관련된 일이다.

두 번째는 육체적 정신적 폭력(Violence)이다. 이는 주로 여성이 겪는 문제이며, 치유뿐 아니라 정의의 문제를 내포하고 있다.

세 번째는 이러한 문제를 극복하기 위한 방법으로 인해 생기는 문제이다. 스트레스를 강제적으로 풀기 위한 방법으로 술, 과식이나 금식, 그리고 약물 복용 때문에 생기는 문제를 말한다.[2]

도어링(Doehring)이 개인적 상담 경험에서 분석한 이 세 가지 유형을 다시금 가만히 살펴보면, 상담하러 오는 사람들이 겪는 가장 직접적인 원인은 상실의 문제이다. 도어링이 지적한 세 번째 유형, 즉 스트레스를 풀기 위한 방법 때문에 생기는 문제는 이차적인 것이 분명하다. 또한 폭력의 문제도 이차적인 원인이 될 수 있다. 물론 폭력적인 행동이 모두 그런 것은 아니지만 가해자의 입장에서 보면, 폭력 또한 일차적인 어떤 원인 때문에 그 스트레스를 풀기 위한 잘못된 방법일 수 있다. 피해자의 입장에서 폭력은 관계의 상실, 자존감의 상실, 희망의 상실을 불러오며 이러한 상실들이 상담가를 찾는 동기가 되는 것이다.

이렇게 봤을 때, 사람들이 실제적으로 겪는 모든 문제는 상실에서 비롯된다고 본다. 죽음으로 인해 소중한 사람을 잃거나, 멀리 사랑하는 사람을 떠나보내야 하는 이별, 사람들과의 관계 단절에서 오는 외로움, 바쁜 일상의 삶 속에서 잃어버린 자아, 직장을 잃거나 지위나 명예, 자신감과 자존감을 잃고, 건강과 살아갈 희망을 잃었을 때 사람들은 절망감, 소외감, 죄책감, 수치심, 두려움, 분노, 억울함 등 수 만 가지 감정을 경험하게 되는 것이다. 이러한 감정 때문에 건강한 일상의 삶을 유지하는 데 어려움을 겪고, 심지어 극단적인 행동까지 하게 되는 것이다.

그러므로 상담에서 이러한 상실의 경험을 이해하고, 이로 인해 겪는 감정의 문제를 이겨내고, 다시금 현재의 건강한 삶으로 돌아올 수 있도록 돕는 것은 기본이 되어야 한다.

모든 상실은 자아뿐 아니라 삶의 소중한 부분을 잃는 것이기에 고통스러운 경험이다. 이러한 상실의 경험 가운데 가장 견디기 힘든 고통은 사랑하는 사람을 잃는 것이다. 잃은 물건은 다시 찾거나 똑같은 것을 살 수도 있고, 잃어버린 자아, 자존감, 명예는 다시 회복될 수 있다. 하지만 죽은 사람은 다시 살리거나 똑같은 다른 것으로 대치할 수 없기 때문이다. 그렇다면 사랑하는 사람을 잃은 슬픔에서 회복하기 위한 방법은 무엇일까?

프로이드 같은 초기 정신분석 학자들은 건강한 회복을 위해서는 죽은 사람과의 감정적인 결속(Emotional Bond)을 끊고 상실 이전의 상태로 돌아와야 한다고 말한다. 이를 위해서는 새로운 애착관계(attachments)를 형성하는 것이 중요하다고 한다.[3]

이처럼 프로이드와 비슷한 견해를 가지고 애착관계 이론(Attachment Theory)을 제시한 사람이 존 바울비(John Bowlby)이다. 바울비는 유치원 아이들이 부모와 떨어지는 과정에서 겪게 되는 여러 가지 행동 유형을 관찰하였다. 아이들은 부모와 결별하는 과정에서 처음에는 심한 염려와 불안감을 나타내는 행동을 보이다가 부모가 돌아오지 않는다는 것을 알고서는 곧 조용해지더니, 마침내 새로운 환경에 적응하며 선생님과 다른 친구들에게 마음을 여는 행동을 보이더라는 것이다.[4]

바울비는 애착관계가 인간의 정서적인 안정에 큰 영향을 미친다고 본다. 그러한 애착관계가 친밀하고 두터운 사람이 세상을 떠나게 되면 더 이상 세상이 안전하지 않음을 느끼게 되고, 두려움, 분노, 불안감에 빠지게 된다고 말한다. 이를 극복하기 위한 방법으로 그가 제시하는 것이 바로 새로운 애착관계를 형성하는 것이다.

하지만 이러한 초기 심리학자들의 이론과 상이한 견해를 제시한 학자들이 있다. 이들은 오히려 죽은 사람과의 지속적인 관계를 강조하는데, 이를 Continuing Bonds Theory(지속적인 결속 이론)이라고 한다. 이 주장의 근거는, 사랑하는 사람을 잃은 가족이 겪는 슬픔의 과정은 정확히 어느 순간에 멈출 수 있는 것이 아니라는 점이다. 슬픔이란 완전히 회복될 수 있는 것이 아니기 때문에 끊임없이 상실의 의미를 되새겨야 한다고 말한다. 그래서 슬픔에서 회복될 수 있는 방법으로 이들이 제시하는 것은, 살아있는 가족의 삶 속에서 죽은 사람의 현존을 느낄 수 있도록 지속적인 관계를 유지하는 것이다. 가령 아이를 잃은 부모에게 누군가 자식이 몇 명이라고 묻는다면 '저희에게는 세 명의 자녀가 있는데, 그 중에 한 명은 먼저 천국에 가 있습니다'라고 대답하는 것이다.

이렇듯 이 이론에서는 죽은 사람과의 지속적인 관계 유지가 슬픔을 극복하고, 일상의 삶에 적응하는 데 도움이 될 뿐 아니라, 개인적인 성장을 가져오는 데 큰 힘이 된다고 믿는다.

이에 대해 어떤 사람은 '괜히 죽은 사람에 대한 슬픈 기억을 끄집어 내서 더 힘들게 만드는 게 아니냐'고 말할 수 있다. 초기 정신분석학자들의 이론처럼 그냥 잊고 새로운 관계를 형성하며 일상에 적응하는 것이 더 좋은 방법이라고 말할 수 있다. 하지만 나는 그렇게 믿지 않는다.

먼저 세상을 떠난 부모님이나 형제자매, 혹은 자녀에 대한 기억을 떠올릴 만한 정기적인 의례를 행하거나, 어떤 상징적인 물건을 지니고 다닌다든지, 아니면 그들이 좋아했던 문구를 외우고 다니는 것 등 지속적인 관계를 유지하는 것이 슬픔을 경감시키는 데 더 도움이 된다고 믿는다.

또한 명절 때 그들이 좋아했던 음식을 가족과 함께 먹는 것, 평상시 즐겨하던 스포츠를 하는 것, 더 나아가 그들이 추구하고자 했던 삶의 가치를 좇아 살아가는 것 또한 슬픔을 극복하고 일상의 건강한 삶을 살아가기 위한 좋은 방법이 될 수 있다.

많은 사람들이 보편적으로 경험하는 슬픔의 과정이 있을 수 있다. 그 과정은 모두 똑같이 경험하는 것도 아니고, 끝이 있는 것도 아니다. 또한 사랑하는 사람을 잃기 전과 같이 똑같은 모습으로 회복될 수 있는 것도 아니다. 죽은 사람을 다시 불러올 수도 없다. 하지만 그들이 남긴 삶의 의미를 되새기고, 다시금 삶에 의미를 부여하고, 부여한 의미를 붙잡고 삶에 실천적인 모습으로 살아갈 때 슬픔은 다른 형태로 회복될 수 있는 것이다. 이렇게 '의미'에 초점을 둔 이론이 바로 '의미 만들기(Meaning Making)'이다.

얼마 전, 섬기던 교회의 한 집사님이 페이스북에 남긴 글을 보았다. 자신과 가장 가까이 지내던 친구가 자살했다고 한다. 20대에 처음 미국에 와서 만나 대학교 기숙사 생활을 함께하며, 어려웠던 시절 서로의 삶과 미래를 나누던 친구라고 한다. 집사님은 그 친구가 죽기 전날도 함께 시간을 보냈고, 친구는 가족을 위해 앞으로 어떻게 살아갈 것인지에 대해 이야기했다고 한다. 얼마 전부터 함께 여행을 떠나자고도 했는데, 집사님은 사정상 함께 갈 수 없었다고 한다. 다음날 친구는 혼자 떠났고, 다시는 돌아오지 못할 긴 여행이 되고 말았다. 친구가 여행을 떠난 다음날 자살 소식을 들은 집사님은 시신 확인을 위해서 가장 먼저 현장에 도착했다고 한다.

이 집사님에게 있어 친구의 죽음은 충격적인 일이었다. 그토록 밝고 계획적인 삶을 살던 친구가 자살했다는 사실이 믿기지 않았다. 자살하기 전날의 대화 속에서도 전혀 자살할 기색을 찾아볼 수 없었기 때문이다. 더군다나 남겨진 어린 딸과 부인을 생각하니 더욱 마음이 먹먹하다고 했다. 또한 함께 여행을 하자고 했을 때 선뜻 나서지 못했던 것이 못내 아쉬움으로 남았다.

그런데 이 친구는 가면 우울증을 앓고 있었다고 한다. 가면 우울증은 마치 가면을 쓴 것처럼 표면적으로는 증세가 드러나지 않는 우울증이다. 겉으로는 밝은 친구였지만, 혼자 있을 때 홀로 감당해야 했을 우울감과 무력감을 생각하니 더욱 마음이 아팠다고 한다.

그러면서 집사님이 결심한 것이 있다. 첫째는 우울증에 대해서 공부하겠다는 것이었고, 두 번째는 주변 사람들을 더욱 돌아보는 삶을 살겠다는 것이다. 일상의 삶 속에서 문득문득 친구의 모습이 떠오르기도 하고, 슬픔의 감정이 밀려올 때도 있을 것이다. 하지만 친구의 죽음을 통해서 결심한 새로운 삶의 다짐은 그 친구의 죽음을 그저 허망함이 아닌 의미 있는 것으로 변화시키는 역할을 할 뿐 아니라, 슬픔의 감정을 어루만지는 데 큰 도움이 된 줄 믿는다.

미국에서는 이처럼 세상을 떠난 이의 삶이 헛되지 않도록 의미를 부여하는 예들이 많다. 가령 음주 운전자가 낸 사고로 세상을 떠난 가족을 위해 음주 운전을 방지하는 캠페인을 벌이기도 하고, 총기 사고로 인해 죽은 가족을 위해 총기규제법 제정을 위한 캠페인에 참여하며, 자살한 가족이 있는 이들은 자살 예방을 위해 전화 상담에 전념하기도 한다. 슬픔은 극복의 대상이 아니라 잘 어루만져 주어야 할 감정의 영역에 있다. 마음의 아픔은 먼저 세상을 떠난 이들이 남겨준 새로운 삶의 의미를 자각하고, 그 의미 있는 일에 자신을 던짐으로써 조금씩 회복되고 치유되는 것이다.

지속적인
결속 이론 Continuing Bonds Theory

이 이론은 1996년 데니스 클라스(Dennis Klass)와 필리스 실버만(Phyllis Silverman)에 의해서 소개되었다. 이들은 지난 100년 동안 애도상담에 있어서 죽은 사람과의 지속적인 결속이 무시되어왔던 것을 비판하면서, 단순히 감정적인 결속을 끊는 것이 슬픔치유에 도움이 되는 것이 아니라, 사랑하는 사람의 죽음과 그 의미를 이해하고 현재의 삶 속에서 지속적인 연결점을 가지는 것이 치유에 더 도움이 된다고 주장한다.

현재 미국에서는 많은 학자들이 이 이론을 지지한다. 어떤 새로운 형태로서 죽은 사람과의 지속적인 관계를 맺는 것은 슬픔치유와 개인의 성장에 도움이 된다고 말한다. 우리의 마음속에 고인에 대한 소중한 추억과 이야기를 간직하는 것과, 그가 소중히 여겼던 가치를 기억하고 오늘의 삶 속에서 의미 있는 활동으로 재창조해 내는 것은 중요한 일이다.

데니스 클라스는 고인과의 지속적인 결속을 돕는 두 가지(외적/내적) 방법을 제시한다. 그는 먼저 외적인 방법으로서 의례(ritual)의 중요성에 대해서 말한다. 장례 이후 지속적인 추모식을 하고, 정기적으로 묘지를 방문하는 것도 좋고, 고인과 함께 했던 중요한 장소를 찾아가는 일과 조용히 혼자 있을 수 있는 공간에서 고인을 생각하는 것도 좋다. 또한 병원이나 호스피스에서의 봉사활동도 의미가 있다.

내적인 방법으로는 고인과의 내적인 연결점을 가지는 것이다. 클라스는 저서 『The Spiritual Lives of Bereaved Parents(아이를 잃은 부모의 영적인 삶)』에서, 자녀를 잃은 부모들이 자신의 자녀가 천사로서 함께 한다고 믿는 것을 내적 표상의 한 예로 제시한다. 또한 자녀가 천국에 있다고 하는 믿음과 언젠가 다시 천국에서 만날 것이라고 하는 믿음은 부모로 하여금 삶 속에서 죽은 자녀를 소중히 간직하면서도, 현재의 삶을 더 바르고 의미 있게 살아갈 수 있도록 돕는다고 말한다.

메리 소만티(Mary Sormanti)와 주디스 어거스트(Judith August)의 연구는 이를 뒷받침해 준다. 이들은 자녀를 잃은 지 5년이 넘은 부모 43명을 대상으로 리서치를 하였는데, 모든 부모들이 죽은 자녀와 한 가지 이상의 방법으로 지속적인 연결고리를 맺고 있다고 응답하였다. 많은 부모들에게 있어서, 아이의 무덤을 방문하는 것, 아이를 위해 기도하는 것, 아이와 대화하듯 말하는 것은 죽은 아이와의 지속적인 관계를 유지하기 위한 공통적인 방법이었다. 또한 많은 부모들은 일상생활 속에서 음악을 듣거나, 자연을 접하거나, 아이를 떠오르게 하는 것을 볼 때 아이의 현존을 느끼고, 아이와 연결되어 있음을 확인하기도 한다고 응답하였다. 흔한 일은 아니지만, 아이로부터 어떤 메시지를 받는 경험을 한 부모들도 있다고 한다.

- Klass, Dennis. The Spiritual Lives of Bereaved Parents (Philadelphia: Bruner/Mazel, 1999), .
- Klass, Dennis, Phyllis Silverman, and Steven Nickman, Eds. Continuing bonds: New Understandings of Grief. Philadelphia, PA: Taylor & Francis. 1996.
- Sormanti, Mary, and Judith August. "Parental Bereavement: Spiritual Connections with Deceased Children." American Journal of Orthopsychiatry 67, no. 3 (1997): 460-69.

PART
2

죽음준비교육

죽음에 대해서 생각한다는 것은
오늘 나의 삶을 새롭게 하고, 더 애틋하게 하고,
아름답게 만들 수 있는 하나의 계기를 만들어 주는 것이다.

Do not be afraid of crying

어떤 사람으로
기억되기
원하는가?

인생에 있어서 최대 위기는 무엇인가? 시카고신학대학에 다니던 네 명의 학생은 한 교수로부터 이러한 질문을 받았다. 이에 대한 해결책을 찾는 것이 학기말 과제였다.

그들은 인간의 최대 위기는 '죽음'이라고 판단하고, 근처에 있는 한 병원을 찾아갔다. 거기서 정신과 의사인 엘리자베스 큐블러 로스를 만나게 되고, 죽어가는 환자들을 인터뷰하면서 죽어가는 과정에서 겪는 여러 가지에 대해 배우게 된다.

일 년 넘게 지속된 이 죽음 세미나에서 큐블러 로스는 죽어가는 '환자들의 5가지 단계(부정, 분노, 타협, 우울, 순응)'라는 유명한 연구 결과를 발표한다. 그것에 관해서 쓴 책이 1969년에 발행된 『On Death and Dying(죽음과 죽어감에 관해)』이다. 큐블러 로스의 이 책과 이론은 아직도 죽음학 분야에서 빼놓을 수 없는 중요한 성과이다.

나는 클레어몬트에서 수업할 때, 죽어가는 환자들의 두려움의 실체에 관한 페이퍼를 쓸 기회가 있었다. 이를 위해 큐블러 로스의 『On Death and Dying』을 다시 한번 읽었다. 그리고 인터뷰 내용을 통해서 죽어가는 환자들이 느끼는 공포의 본질을 파악할 수 있었다.

결론적으로 말하면, 그들은 놀랍게도 죽음 자체에 대해서는 큰 두려움을 느끼지 않았다는 것이다. 다만 그들이 죽어가면서 느끼는 공포는 크게 세 가지로 요약될 수 있었다. 첫째는 품위를 잃는 것, 둘째는 혼자되는 것(외로움), 셋째는 지금까지 살면서 지내온 관계와의 단절에서 느끼는 공포이다. 그밖에 고통에 대한 두려움, 미지의 세계에 대한 불안함, 심판에 대한 불안감 등이 있다.

죽어가는 환자들의 중요한 관심 중 하나는 인간으로서의 품위를 잃고 싶지 않다는 것이다. 최근 병원의 환경이 많이 나아졌다고는 하지만 여전히 일반인에게 병원의 담은 높고, 의사의 권위는 하늘 높은 줄 모른다. 그래도 내 생명을 맡겨야 하는 곳이기에 크게 불평 한 번 제대로 못하는 것이 현실이다. 환자는 병원 의료진의 지시에 잘 따라야 하며, 여러 명의 환자를 돌보아야 하는 의사나 간호사는 환자의 요구를 제때 들어주기 어려운 형편이다. 그래서 환자는 인격적인 대우를 받기보다 물건 취급하는 듯한 느낌을 받을 때가 많다. 더욱이 제대로 의사 표현을 할 수 없는 단계에 이르렀다든가 스스로 몸을 움직일 수 없는 상태가 되면, 인간적인 대접을 받기란 쉬운 일이 아니다.

오사카에 있는 요도가와 병원의 원장이 자신의 병원 간호사들을 대상으로 설문 조사를 하였다. 그 설문의 첫 번째 질문은 '당신이 만일 말기 환자가 되었을 때 이 병원에 입원하겠느냐'였다. 이에 대한 모든 간호사들의 대답은 '아니오'였다.

그들이 제시한 이유는 과다한 치료와 비싼 의료비였다. 불필요한 연명 치료 때문에 육체와 정신이 피폐해진 환자들의 모습을 보면서 과다한 치료가 오히려 환자를 더 힘들게 할 수 있다고 생각했을 것은 자명한 이유이고, 단지 이러한 이유뿐이겠는가? 환자를 최대한 인격적으로 대우하고, 품위를 지켜주는 의료적인 서비스가 부족하다는 점 또한 생각해볼 만한 이유일 것이다.

죽어가는 환자의 또 다른 관심 가운데 하나는 내가 다른 사람에게 어떤 사람으로 기억될 것인가이다. 그래서 이 시기에 용서와 화해에 대한 문제가 중요한 주제로 떠오르게 된다. 한 예로, 죽음을 앞둔 H씨는 아내가 지역사회와 교회에서의 봉사활동과 같은 의미 있는 일에 헌신한 자신의 삶을 인정하지 않고, 늘 무능력한 남편이라고 여기는 것이 마음에 걸렸다. 아내와 의미 있는 삶에 대해 제대로 이야기해 보지 못하고 이대로 죽는다는 것이 그에게는 가장 큰 두려움과 절망이었다. 이 죽어감의 순간에도 아내는 그의 삶을 인정하지 않았고, 그저 무능력한 남편이 죽는구나하는 태도로 남편을 대했다.

그러나 큐블러 로스의 도움으로 아내는 자신의 심정을 남편에게 고백하며 마음속 깊은 미안함에 대해 눈물로 사과하고, 극적인 화해의 순간을 맞이하였다. 얼마 후 그는 평안히 잠들 수 있었다.

죽음에 대한 진리 중에 하나는 누구나 죽는다는 것이다. 모두 다 알고 있지만 죽음에 대해서 이야기하는 것은 서양이나 동양을 막론하고 금기시되어 있고, 마치 우리들은 평생 죽지 않을 것처럼 일상적인 삶을 살아간다. 그러다가 막상 죽음이 눈앞에 드리워졌을 때 크게 당황하고 두려운 마음을 갖게 된다. 우리가 평소에 죽음에 대해서 생각하고 죽음에 관련한 교육을 받는다면, 죽음이 닥쳐왔을 때 어떻게 그것을 받아들여야 하는지에 대한 지혜를 얻을 뿐 아니라 오늘의 삶을 더욱 풍요롭게 하는 데 큰 도움이 될 것이다.

10여 년 전, 서울의 한 교회에서 부목사로 있을 때의 일이다.

나는 말기암 환자인 성도를 방문할 기회가 있었다. 처음에는 집으로 방문하여 기도해 주었고, 나중에는 병원을 방문해야 했다. 수술 후, 온몸에 힘이 없었던 그녀는 말도 하기 어려운 상황이었다. 나는 어떻게 기도해 주면 좋을까 생각하다가 치유적 희망이 담긴 성경구절 하나 읽어드리고, 치유와 회복을 위해서 간절히 기도했다. 그로부터 일주일도 채 되지 않아 그녀는 세상을 떠났다.

나는 후회가 밀려왔다. 그때 그녀가 죽게 될 것을 알았다면 치유와 회복에 대한 기도와 말씀이 아니라 마지막을 준비케 하는 말씀을 전해야 했던 것이 아닌가 하고 말이다. 그 이후 마음을 바꿨다.

어느 주일, 설교에서 교인들에게 이런 말을 했다.

"여러분이 병원에 입원해 있고, 의학적인 치료가 더 이상 소용없는 마지막 단계에 이르렀을 때, 물론 여러분의 치유를 위해 기도하겠지만 저는 이렇게 물을 것입니다. 죽을 준비가 되셨습니까?"

아무도 '아멘'으로 화답하는 분은 없었다. 하지만 이러한 질문을 함으로써 교인들이 죽음에 대해서 생각해 볼 수 있는 시간이 되었으리라 확신한다. 나는 시간이 될 때마다 죽음준비에 대한 강의를 하였고, 노인대학에서도 죽음준비교육의 필요성에 대해서 이야기하였다.

당시 80세 가까운 권사님이 병으로 입원하셔서 문병 갈 기회가 있었다. 나는 권사님을 위해서 기도해 드리고 난 후에 물었다.

"권사님, 하늘나라 가실 준비는 되셨습니까?"

권사님은 즉각적으로 대답했다.

"할렐루야! 준비됐습니다."

혹시 내게 화를 내지는 않을까 걱정했는데, 할렐루야로 화답해 주신 권사님께 감사했다. 그리고 우리는 삶의 마지막에 이르렀을 때 준비해야 될 것에 관해서 좀 더 자세히 이야기를 나눌 수 있었다.

그분의 소원은 손녀가 교회에 나오는 것이었다. 권사님은 그 후로 한 달여가 지나서 하나님 품으로 돌아가셨다. 장례 예배와 하관식을 집례하게 되었는데, 자신의 죽음을 알고 준비하며 평안한 죽음을 맞이하신 믿음 좋은 권사님의 장례 예배는 참으로 은혜롭게 진행되었다. 더불어 권사님의 손녀도 만날 수 있었다. 대학생이었던 손녀는 그 후로 청년부 예배에 참여하여 신앙인의 길을 걷고 있다.

죽음준비교육이 필요하다. 요즘은 잘 살기(Well-being)와 더불어 잘 죽기(Well-dying)에 대한 관심이 높아지고 있다. 이 두 개의 주제는 어떻게 생각하면 하나의 주제이다. 어떻게 죽느냐 하는 것은, 어떻게 사느냐에 따라서 결정되기 때문이다. 우리가 죽음을 저 멀리 있는 나와는 상관없는 것으로 생각하고 살 것이 아니라 지금 내 앞에 놓여 있는 현실이라고 생각하면, 오늘을 사는 삶의 태도는 달라질 것이다.

2012년 12월 27일자 동아일보 신문에 이해인 수녀의 인터뷰 기사가 실렸다. 암 투병을 통해 삶을 바라보는 시각이 어떻게 달라졌는지에 대한 질문에 이해인 수녀가 대답한다.

"삶에 대한 감사가 더 깊어진 것, 주변 사람에 대한 사랑이 더 애틋해진 것, 사물에 대한 시선이 더 예민해진 것, 습관적으로 해 오던 기도가 좀 더 새롭고 간절해진 것이라고 말하고 싶네요."

이렇듯 죽음에 대해서 생각한다는 것은 오늘 나의 삶을 새롭게 하고, 더 애틋하게 하고, 아름답게 만들 수 있는 하나의 계기를 만들어주는 것이다.

가끔 교회에서 '모의 유서 쓰기'나 '입관 체험' 등을 하는 이유는 죽음 체험을 통해 현재 나의 삶을 돌아보고, 새로운 삶의 결단을 위한 것이리라 믿는다.

　인간은 죽을 수밖에 없는 존재이다. 만일 내가 내일 죽는다고 생각한다면, 나에게 주어진 오늘의 삶을 어떻게 보낼 것인가? 태어날 때는 어떤 모습으로 태어날 것인지는 우리의 의사가 전혀 반영될 수 없지만, 어떻게 죽을 것인가는 우리가 결정할 수 있는 문제이다.

　어떤 죽음을 맞이하고 싶은가? 그것은 오늘 내가 어떻게 살고 있는지에 따라 말해 줄 것이다. 내 삶은 어떤 가치를 추구하고 있는가? 내가 세상을 떠난 후, 나는 어떤 사람으로 기억되어지기를 원하는가?

　"What do you want to be remembered for?"

　우리 함께 이 질문에 진지하게 답을 해보자.

엘리자베스 큐블러 로스의
단계 이론 Stage Theory

1. 부정 Denial

처음 말기암 진단을 받았을 때 사람들은 믿지 않는다. 설마, 그럴 리가! 하면서 다른 병원을 찾아가 다시 진단을 받곤 한다. 부정이라는 것은 일종의 충격을 완화시키기 위한 자기방어라고 말할 수 있다.

2. 분노 Anger

그리고 나서 분노의 마음이 생긴다. 왜 나에게 이런 일이! 나는 그동안 열심히 살아왔는데! 하면서 하나님과 세상에 대한 분노의 마음을 가지게 된다. 때로는 의료진에게 분노하기도 하고 가족에게 분노하기도 한다.

3. 타협 Bargaining

어느 정도 마음에 안정을 찾아가면서 타협을 시도한다. 이번에만 살려주시면 더 열심히 살겠습니다!라고 하면서 하나님과 타협하려 하고, 딸이 결혼하는 것만 볼 수 있게 해달라고 하면서 생명 연장을 타협해 보기도 한다.

4. 우울 Depression

이러한 타협이 소용없다는 것을 깨닫게 될 때 절망감을 느끼고 우울에 빠지게 된다. 어느 누구와도 만나고 싶지 않으며, 아무 말도 하고 싶지 않은 채 혼자 있고 싶어한다.

5. 순응 Acceptance

우울의 시간이 지나고 나면 비로소 자신의 죽음에 대해서 인정하고 받아들인다.

알폰스 데켄 박사는 한 가지 단계를 더 추가하여 여섯 번째 단계로서 소망 (Hope)을 말한다. 이는 회복에 대한 희망이 아니라, 영원한 생명에 대한 소망이며, 앞서 간 사람들과 천국에서 다시 만날 것이라는 소망과 기대를 갖는 것이다.

- Kübler-Ross, Elisabeth. *On Death and Dying*. NewYork: The Macmillan Company, 1969.
- Deeken, Alfons. *알폰스 데켄박사 강연집*, 서울: 각당복지재단, 1992.

어디에서
죽을 것인가?

죽음에 관한 세 가지 진리가 있다고 한다. 누구나 죽는다. 언제 죽을지 모른다. 어디에서 죽을지 모른다. 하지만 이제 적어도 우리는 어디에서 죽을 것인지에 대해서는 스스로 결정할 수 있다. 갑작스런 죽음(Sudden/Traumatic Death)이 아니라면, 죽음을 맞이하고 싶은 곳이 병원인지 호스피스 시설인지, 아니면 가정 호스피스 케어를 받으며 집에서 죽음을 맞이할 것인지 결정할 수 있다. 많은 사람들이 집에서 가족과 가까운 사람들에게 둘러싸인 채 평화로운 죽음을 맞이하고 싶을 것이다.

예전에는 죽음의 장소가 대부분 집이었다. 아버지가 돌아가신 24년 전만 해도 그랬다. 상가집 대문에 걸어 놓은 등불을 보고 '아, 이 댁에 누가 돌아가셨구나' 하면서 죽음을 알아차렸다. 동네 이웃들이 자연스럽게 모여 이야기를 나누기도 하였고, 밤을 새며 가족과 함께 있어줌으로써 위로의 시간을 보냈다. 물론 어린 시절에 이런 등불이 걸려 있는 것을 보면 왠지 모를 두려움을 느끼기도 했다. 어린아이들이 이러한 자리에 낄 수 없었지만, 적어도 죽음이라는 것이 우리들 삶 가까운 곳에 있음을 인지할 수 있는 살아있는 교육의 현장이기도 했다.

엘리자베스 큐블러 로스가 쓴 『On Death and Dying (죽음과 죽어감)』에 보면, 큐블러 로스가 어린 시절에 겪었던 한 이웃의 죽음 이야기가 나온다.

나무에서 떨어진 한 농부가 거의 살 가망이 없었다. 그는 자신의 집에서 죽음을 맞이하겠다고 했고, 그의 요청은 그대로 받아들여졌다. 그는 극심한 고통 가운데에서도 딸들을 불러 몇 분 간의 대화를 나누었다. 그는 아내가 죽기 전에는 어떠한 재산도 나누지 말 것을 당부하였고, 사고가 있기 전까지 그가 했던 모든 일을 자녀들이 서로 분담하여 해줄 것을 부탁하였다. 또한 이웃과 친구들 모두 한 명씩 불러 작별 인사를 나누었다고 한다. 당시 어린아이였던 큐블러 로스에게도 마지막 인사를 나눌 기회가 주어졌다. 이웃집 농부는 그렇게 자신이 손수 지은 집에서 평안한 죽음을 맞이하였다.[5]

현대 한국 사회에서는 가정에서 죽음을 맞이하기가 쉽지 않다. 많은 사람들은 도시의 아파트에서 생활하면서, 예전처럼 이웃과 그다지 가깝게 지내지 않는다. 수 십, 수 백 세대가 몰려 사는 아파트 단지에서 끊임없이 이어지는 조문객이나 장례 행렬을 본다는 것이 자연스럽지는 않을 것이다. 또한 고층 아파트에서 운구하는 것도 쉬운 일은 아니다. 하지만 이러한 주거 환경의 변화로 인한 어려움에 앞서, 가정에서 죽음을 맞이하기 위해서는 먼저 정신이 온전할 때 '사전의료지향서(Health Advanced Directives)'나 '사전 유언장(Living Will)' 작성을 통해 연명 치료에 대한 의사를 밝히는 것이 필요하고, 가정 호스피스 케어의 확대가 필요하다.

미국의 호스피스는 대부분 가정 호스피스이다. 호스피스 병동을 갖춘 시설(In-Patient Hospice)들도 갈수록 병실을 줄여가거나, 전면 가정 호스피스로 전환하고 있는 실정이다. 나는 클레어몬트에서 공부하는 동안 네 번의 CPE(Clinical Pastoral Education)를 마쳤다. 각 CPE는 400시간, 3개월 간의 풀타임으로 진행된다.

첫 번째 실습은 무더운 여름에 VITAS 호스피스에서 진행되었다. VITAS는 전국적인 규모의 호스피스 기관으로 주로 가정방문 호스피스를 중심으로 40여 년 간 죽어가는 환자들을 돌봐 온 기관이다. 나는 집 근처에 있는 샌 가브리엘(San Gabriel) 오피스에 배정받았다.

이곳에는 6개의 팀이 있고, 각 팀은 한 달 평균 60여 명의 환자를 돌본다. 그 중에 두 팀은 양로원을 방문, 세 팀은 가정방문, 한 팀은 6시 이후에 비상대기(On-call) 팀이다. 각 팀의 구성은 의사 1명, 간호사 4명, 목사/신부 1명, 사회복지사 1명, 자격증이 있는 가정건강보조사 4명, 그리고 자원봉사자들이다.

나는 가정방문팀에 배정되어 일주일에 18명 이상의 환자를 방문하여 영적인 케어를 해야 했다. 처음에는 언어 때문에 걱정했는데, 환자와 그 가족을 만나서 대화를 나누고 기도하는 것이 언어의 기술을 넘어서는 일임을 깨닫게 되었다. 나는 그들의 삶과 그들이 죽어가면서 느끼는 감정들에 대해서 들을 수 있었다.

어떤 이는 죽을 준비가 되어 있는 반면에 어떤 이는 죽음 자체에 대한 두려움을 느끼기도 한다. 어떤 이는 '죽음'이라는 단어를 꺼내는 것만으로도 성을 내기도 한다.

나는 그들에게 주로 성경을 읽어주고 기도해 주었다. 그들은 무엇보다 자신의 이야기를 들어줄 수 있는 영적인 지지자가 함께 있다는 것만으로도 큰 위안을 얻는다. 어떤 때는 알츠하이머 환자와 짤막하게 이어지는 촛점없는 대화를 나누기도 했고, 환자의 요청에 함께 찬송을 불렀다. 아버지와 같은 루게릭 환자를 만났을 때에는 이입된 감정에 눈물을 흘리기도 하였다. 집안이 온통 바퀴벌레 투성이인 가난한 히스패닉계 환자의 가족을 만나 두 시간 넘게 그들의 고초를 들어주는 일은 쉽지 않았다. 거의 숨이 다한 듯 전혀 응답이 없는 환자를 위해 기도해 주었을 때 그녀의 눈가에서 흐르는 눈물을 보기도 하였다.

그중 내게 인상적인 환자 몇몇이 있었다. 폐암 환자인 70세 중반의 한 백인 남성은 대화 중에도 담배를 두세 개피나 폈다. 호스피스 팀원들은 산소공급장치를 코에 낀 채 담배를 피는 그를 걱정하였고, 내가 그에게 뭔가 이야기해 주기를 바랐다. 나는 그의 건강을 걱정하여 담배가 몸에 좋지 않다는 이야기를 꺼냈다. 그랬더니 그는 살짝 웃으며 이렇게 말했다.

"알다시피 죽어가는 마당에 이런 낙이라도 있어야죠."

이 환자는 농담하는 것도 무척 좋아한다. 내가 농담을 알아듣지 못하면 글로 써 주기까지 한다.

인턴십이 끝날 무렵에 그에게 말했다.

"Next visit will be my last visit(다음주 방문이 마지막이 될 거에요.)."

그는 그때를 놓치지 않고 또 농담을 한다.

"Last visit? Are you going to die, too?(마지막이라니요? 목사님도 죽는 건가요?)"

마지막 방문 때 그의 딸이 우리의 마지막 만남을 위해 음식을 준비해 주었고, 그는 나에게 주소를 적어 달라고 했다. 나도 그를 위해 농담을 하나 건넸다.

"Why? Are you gonna send me your death notice?(왜요? 돌아가시면 부고장이라도 보내시려구요?)"

우리는 함께 웃었다. 그날 깊은 포옹을 나누었고, 그의 딸과 손자의 손을 잡고 함께 기도했다. 그가 돌아가시고 난 후, 우리 집으로 한 장의 편지가 배달되었는데, 마지막 가는 여정에 함께해 주어서 고맙다는 내용이었다.

호스피스에서 중요한 가치 중 하나는 바로 환자의 존엄성을 지켜주는 것이다. 요즘은 병원에서도 조심스럽게 호스피스로 옮길 것을 환자와 가족에게 추천한다고 한다. 어떤 환자와 가족은 자진해서 호스피스 케어를 받겠다고 하기도 한다. 그만큼 미국 사회는 호스피스에 대한 인식이 많이 확대되어 있는 편이고, 환자 자신이 오랫동안 정들어 살던 가정에서 가족과 함께 남은 시간을 보내다가 죽음을 맞이하고 싶어 한다. 또한 그렇게 할 수 있는 가정 호스피스 시스템이 잘되어 있다. 의사가 6개월을 진단한 때부터 보험 혜택을 받으며 가정에서 돌봄을 받을 수도 있다.

나는 이 인턴십을 통해 호스피스에서 목사의 중요성을 느끼게 되었다. 환자의 요구를 들어주며, 때로는 상담가가 되기도 하고, 엄숙한 목사의 역할을 하기도 하며, 때로는 친구가 된다. 또 한 가지 중요한 것은 지속적인 케어이다. 환자가 돌아가시고 난 후, 계속해서 전화 또는 가정방문을 하면서 환자 가족이 어떻게 지내는지 확인해야 한다. 이 또한 목사의 역할이다.

여기는 환자가 세상을 떠나고 나면, 고인이 평소 즐겨 입던 옷을 이용해서 추억의 곰 인형를 만들어 준다. 고인의 체취가 담겨 있는 곰인형을 통해 그분이 함께하고 있음을 느끼도록 하는 것이다. 몇 주 후에 이 곰 인형이 만들어지면, 목사가 직접 가정을 방문하여 가족에게 전달한다. 그리고 그동안의 이야기를 듣는다. 여기서 다시 한번 슬픔치유를 하게 되는 것이다.

이렇게 가정 호스피스 케어가 체계적임에도 한국 사회의 인식은 아직도 부족한 것 같다. 한국뿐 아니라 이곳에 사는 한국인도 마찬가지다. 석 달 동안 우리 팀에 들어온 100여 명이 넘는 환자들 중에 한국인 환자는 단 한 사람밖에 보지 못했다. 이곳이 LA라는 것을 감안하면 적은 숫자이다. 한국에도 가정 호스피스에 대한 인식 확대와 이를 뒷받침할 수 있는 시스템이 갖추어져서 죽어가는 환자들의 존엄성을 지켜주는 케어가 하루빨리 이루어지기를 소원한다.

큐블러 로스는 호스피스에 관해서 이렇게 말한다.

"호스피스는 서로의 안녕을 빌 수 있는 시간이며, 분리된 관계를 치유할 수 있는 때이며, 서로 용서를 주고받으며, 풀어진 삶을 단정히 모으는 때이므로 인간의 삶에서 가장 의미 있는 몇 달, 몇 주 혹은 마지막 날이 될 수 있다."

호스피스

Hospice

호스피스의 정의

호스피스란 용어의 어원은 라틴어 Hospes와 Hospitum에서 유래되었다. 접대하는 사람을 뜻하는 Host와 손님을 뜻하는 Guest의 합성어인 Hospes와, 주인과 손님 사이의 따뜻한 마음을 표현하는 장소를 뜻하는 Hospitum이 합쳐져 따뜻하게 손님을 맞이하고 편안히 휴식을 취할 수 있도록 돌보며 환대한다는 의미를 지닌다.

호스피스는 의학적으로 치료의 한계에 이른 환자일지라도 끝까지 인간의 존엄성을 잃지 않도록 하며 그들의 삶의 질을 높일 수 있도록 그들을 신체적, 정서적, 사회적, 영적으로 도우며, 사별 가족의 고통과 슬픔을 경감시키기 위한 총체적인 사랑의 돌봄 활동을 일컫는다.

호스피스의 철학

현대의 호스피스 운동은 급증하고 있는 인간 존엄성에 대한 경시와 노인 소외, 임종 환자에 대한 소홀, 그리고 윤리관 및 가치관의 혼란에 대한 반응 현상으로 생겨났다. 이러한 배경에서 호스피스에 대한 철학을 다음과 같이 열거할 수 있다.

첫째, 호스피스 대상자는 치료의 한계에 다다른 불가능한 말기 환자와 그 가족이다.

둘째, 호스피스는 환자의 여생을 가능한 평안하게 하며 충만한 삶을 살도록 돕는다.

셋째, 호스피스는 대상자가 삶을 긍정적으로 수용하게 하며 죽음을 삶의 일부로 자연스럽게 받아들일 수 있도록 돕는다.

넷째, 호스피스는 환자의 생명을 인위적으로 연장시키거나 단축시키지 않으며 살 수 있는 만큼 잘 살다가 자연스럽게 평안히 생을 마감할 수 있도록 돕는다.

다섯째, 호스피스는 환자와 가족의 요구와 필요에 부응해 가능한 모든 자원을 이용하여 이를 충족시키고 지지하며 죽음을 잘 준비하도록 돕는다.

- 김옥라, "호스피스의 의미와 역할." 웰다잉 교육매뉴얼. 각당복지재단, 2010.

죽음준비
교육

매해 미국은 크고 작은 총기 사고로 전국이 떠들썩거린다. 총기 규제를 강화하자는 법을 상소했음에도 불구하고, 총기 규제를 위한 방안은 묘연한 실정이다. 정치권과 연결된 무기업자들의 지속적인 로비로 인해 무기 판매가 이루어지고, 무기를 소비하기 위해 국내뿐 아니라 더 큰 시장인 세계로 눈을 돌리기 때문이다. 게다가 당장 총기를 규제하면 내수 시장에 문제가 생기니, 미국 내에서 총기 사용의 완화와 규제는 거의 불가능하다고 볼 수 있다. 그 사이에 해마다 소중한 생명들이 총기로 인해 생명을 잃어가고 있다.

미국에 살면서 느끼는 것 중 하나는, 미국 사람은 다른 사람의 일에 잘 간섭하지 않는다는 것이다. 서로 간에 다툼도 피한다. 용감한 백인 아줌마들이 경적을 울리고 소리치는 것을 몇 번 보기는 했지만, 운전 중에 조금 잘못해도 큰 시비가 일지 않는다. 미국 사람들이 워낙 좋은 사람이라서 그런 것이 아니다. 한마디로 총 맞을까봐 그러는 거다. 간혹 운전하다가 신호등 앞에 서 있을 때면, 옆 차량의 사람을 힐끔 쳐다보는 것을 느낄 수 있다. 혹시 저 사람이 갑자기 총을 쏠 사람인지 아닌지 경계하는 듯 말이다. 그도 그럴 것이 미국 내에서는 불특정다수를 겨냥해서 총을 쏘는 사건이 종종 발생하기 때문이다.

2014년 5월에는 캘리포니아 주에 있는 산타바바라에서 총기 난사 사고가 일어나 6명의 젊은이가 목숨을 잃었다. 2012년 7월에는 콜로라도 덴버에 있는 한 소도시의 극장에서 총기 난사 사고가 일어나 12명이 목숨을 잃고, 많은 사람이 부상을 당했다. 어디 그뿐인가? 미국에서는 총기 사고로 인해 희생된 사람들의 수가 한 해 3만 명이 넘는다. 미연방수사국(FBI) 보고서에 따르면, 2010년 총기로 자살한 사람의 숫자가 19,392명, 총기 살인 사건으로 사망한 사람이 11,078명이나 된다고 한다.

이 중에는 학교에서 일어나는 총기 사고도 많이 있다. 미국 내 학교에서는 한 달 평균 두세 건의 총기 사고가 일어난다. 그 중에 조승희 사건으로 유명한 2007년 버지니아 공대의 총기 난사 사고로 32명의 무고한 젊은이들의 생명을 앗아갔고, 2012년 12월, 샌디 훅의 한 초등학교에서 총기 사고가 일어나 20명의 어린 초등학생과 교직원 6명이 목숨을 잃었다. 이후 총기 사용 규제에 대한 논의가 크게 확산되었고, 오바마 대통령은 다음해 1월 총기 규제안을 발표하였지만, 아무런 소득도 얻지 못하고 있다.

역대 학교에서 일어난 총기 사고의 대표적인 케이스로 꼽히는 것은 1999년 콜롬바인 고등학교에서 일어난 총기 난사 사건이다. 이 사건은 당시 미국 사회에 굉장한 충격을 주었다. 2명의 학생이 학교에 총을 들고 와서 900여 발의 실탄을 난사하였고, 이로 인해 13명이 사망했으며 23명이 부상을 당했다. 이 후 총기 사용 규제에 대한 논의뿐 아니라 학교 폭력과 왕따 문제에 대한 논의가 이루어졌고, 청소년에게 악영향을 미치는 비디오 게임과 폭력적인 미디어에 대한 대책이 논의되었다.

또한 이 사건 이후에 거론된 문제는 '죽음교육(Death Education)'이다. 미국에서는 죽음교육을 초등학교부터 고등학교까지 공립학교에서 재량껏 가르치도록 되어 있다. 콜롬바인 고등학교도 1996년부터 정규 과목에 죽음교육을 포함시켜서 가르치고 있었다. 미국 내 공립학교에서의 죽음교육은 일 년에 한두 차례 특강식으로 진행되며, 중고등학교에서는 선택 과목으로 한 학기 내내 가르치기도 한다. 주제는 인간의 삶과 죽음, 슬픔과 치유, 장례, 자살 예방 등이 중점이 되고, 유서 쓰기, 묘비문 쓰기, 입관 체험, 장례식장 방문 등의 프로그램도 갖는다.

하지만 콜롬바인 학교의 총기 사고 이후, 일각에서는 죽음교육이 오히려 자살 충동을 부추기고 죽음을 더 불러일으키는 것이 아니냐는 회의적인 목소리와 논쟁이 일었다. 하지만 지금까지 죽음교육을 직접적인 원인으로 해서 자살을 선택했다는 기록은 없고, 죽음교육 때문에 생명을 경시하는 현상이 나타났다는 증거는 어디에도 없다. 오히려 중고등학교에서의 죽음교육은 학생들이 죽음을 삶의 일부분으로 인식하고, 죽음에 대한 막연한 두려움을 없애고, 건강한 삶을 가꾸어 나아가는 데에 도움이 된다는 평가가 더 지배적이다.

이와 유사한 예로, 1989년 일리노이 주의 샴버그(Sahumburg)에서 15살 남학생 스콧(Scott)이 자살하였다. 그는 운동도 좋아하고, 학교에서는 아무런 문제가 없는 좋은 학생이었다고 한다. 그런데 그가 자살하기 3일 전, 죽음교육 과목에 등록했다. 그의 부모는 죽음교육이 아들의 죽음과 직접적인 연관이 있다고 주장하였다. 그의 방에 들어가 보니, 책상에는 『죽음과 죽어감을 극복하기(Coping with Death and Dying)』라는 책이 놓여 있었기 때문이다. 책을 넘겨보던 엄마는 '죽을 권리(right-to-die)'라는 페이지에서 멈추었다. '자살은 개인이 독립적인 결정을 내릴 수 있는 하나의 마지막 시도일 수 있다'는 문장이 쓰여 있던 것이다.

그 후 교육청에서 그 학교의 죽음교육 과정에 대한 심의가 있었지만 스콧의 자살은 죽음교육과는 연관이 없다는 결론을 내렸다. 사실 죽음교육은 사회 과목이나 보건 과목의 한 부분으로 가르치기에, 많은 부모들은 자녀들이 이러한 교육을 받고 있다는 사실을 인식하지 못한다. 반면 죽음교육에 대한 우려를 가지고 있는 부모는 막상 죽음교육을 끝낸 자녀를 보면서, 죽음교육이 자녀에게 유익하다는 이야기를 하곤 한다. 문제는 학생들에게 죽음교육이 필요한가라는 것보다, 누가 가르치느냐에 있다. 훈련되지 않은 교사가 가르치게 될 때 좋지 않은 영향을 주게 될 수도 있다는 것이다.

한국에서 처음으로 죽음에 대한 담론을 일으켰고, 죽음교육 확산에 이바지하고 있는 각당복지재단 산하 〈삶과 죽음을 생각하는 회〉에서는 끊임없이 학교 공교육 안에서 죽음교육이 필요하다고 역설한다. 동시에 죽음준비교육 지도자 과정을 진행하면서 죽음교육을 가르칠 수 있는 강사를 양성하고 있다. 교육 과정은 죽음의 철학, 호스피스, 장례, 사별 돌봄, 죽음교육의 필요성 등으로 구성되어 있다. 재단 이사장인 김옥라 박사는 매번 '죽음준비교육의 목표와 필요성'에 대해서 강의하면서, 15가지의 목표를 제시한다. 이를 간추려 중요한 부분을 요약해 보면 이렇다.

첫째, 우리는 '죽음을 어느 누구도 피할 수 없다'는 사실을 인식하면서, 우리에게 주어진 제한적인 삶 안에서 어떻게 살 것인가에 대한 바른 가치관을 정립할 수 있다. 이를 통해 삶에 있어서 소중한 것이 무엇인지 깨닫고, 주어진 삶을 의미 있게 보낼 수 있도록 돕는다.

둘째, 우리는 살아가면서 주변 사람들이 세상을 떠나가는 것을 보게 되는데, 특별히 우리가 사랑하는 가족을 먼저 보낼 때가 있다. 죽음교육을 통해, 우리는 사랑하는 사람을 잃었을 때 겪게 되는 비탄의 과정에 대해서 배운다. 이러한 배움은 우리가 겪게 될 상실의 고통을 잘 이겨낼 수 있도록 도울 뿐 아니라, 상실로 인해 고통당하는 주변 사람들을 돌보는 데 도움이 된다.

셋째, 죽음에 대한 막연한 공포를 없애고, 죽음을 기피하는 현상을 경감시키며, 생명을 경시하는 풍조를 불식시킨다. 이는 죽음에 대한 철학적인 탐구와 다양한 종교의 가르침을 통해서 이루어질 수 있다. 또한 문화적, 사회적, 교육적인 측면에서의 죽음을 바라보고, 나의 생사관을 정립하는 데 도움이 된다.

넷째, 죽음과 관련된 윤리적, 법적인 문제를 배운다. 윤리적인 문제는 자살, 낙태, 안락사, 품위 있는 죽음에 대한 논의이며, 법적인 것은 죽음 판정, 뇌사, 장기 기증, 시신 기증, 유언서 작성 등에 관한 것이다. 이러한 배움을 통해, 실제 상황에 부딪히게 될 때 일어날 수 있는 문제를 미리 생각할 수 있을 것이다. 이와 더불어 호스피스와 사전의료의향서에 대해서 알게 된다면, 자신의 죽음에 대한 실제적인 준비에 도움이 될 수 있다.

이렇듯 죽음교육의 여러 가지 다양한 주제들은 나이와는 상관없이 모든 사람에게 꼭 필요한 지혜와 통찰력을 전해 준다. 죽음교육은 아이들의 건강한 삶과 바른 가치관 정립을 위해서 필요하고, 슬픔을 잘 극복하고 일상의 삶으로 돌아오기 위해서 필요하며, 죽음과 관련하여 뭔가를 결정해야 될 상황에서 도움이 될 수 있다.

우리가 언제 어디에서 갑자기 우리의 생명이 끝날 수 있다는 사실을 인지한다면, 오늘을 사는 우리의 삶이 달라질 것은 분명하다. 평소 어떤 모습으로 죽음을 맞이할 것인가 생각한다면, 오늘 어떻게 살아야 할 것인지에 대한 답은 자명할 것이다. 또한 유언장을 미리 써 보면서 내 삶을 정리하고, 자녀들에게 남길 말을 생각해 본다면, 지금 내 삶의 소중함과 곁에 있는 사람들에 대한 애틋함이 더할 것이다.

이러한 죽음교육이 더 연구되고 확산되어 한국 사회에 만연된 생명 경시 풍조가 불식되고, 내 생명뿐 아니라 다른 사람들의 생명도 소중히 생각하고, 나 혼자만이 아닌 모든 공동체가 더불어 잘 살아갈 수 있는 사회가 되기를 희망한다.

죽음준비교육의
15가지 목표

1. 죽어가는 환자들에게 도움을 제공하기 위해 죽어가는 과정에 대한 이해를 촉진하고, 그들의 다양한 문제와 요구를 해결해 준다.

2. 사람들로 하여금 죽음을 더 깊이 생각하게 하고, 자신의 죽음을 준비할 수 있도록 돕는다.

3. 상실의 경험으로 인해서 겪게 되는 비탄의 과정과 그 중요성을 이해하고, 상실로 인해 어려움을 겪는 사람들을 돕는다.

4. 지나친 죽음에 대한 공포를 완화시키고, 심리적 부담으로부터 해방시켜 준다.

5. 죽음에 대한 금기를 제거하고, 자유롭게 죽음에 대해 이야기하는 것을 촉진한다.

6. 자살을 생각하고 있는 사람의 심리를 이해하고, 자살을 예방하는 방법을 가르친다.

7. 병명의 고지와 말기암 환자의 알 권리에 대한 인식을 고양한다.

8. 죽음과 관련된 윤리적 문제를 가르친다(인위적 생명 연장, 안락사 등)

9. 법률과 관계된 의학적인 문제에 대해서 친숙하게 만든다(죽음에 대한 정의,

뇌사 결정, 장기 이식, 시신 기증, 유서 작성 등).

10. 장례의 역할에 대한 이해를 도모하고, 자신의 장례를 스스로 선택하여 준비하도록 돕는다.

11. 생명의 소중함과 삶의 가치를 일깨워주며, 주어진 시간과 생명을 어떻게 살아갈 것인지에 대해 새로운 시각을 열어준다.

12. 노년의 시기를 더 풍성하게 살아갈 수 있도록 죽음의 예술을 적극적으로 배우게 한다. 즉, 삶의 질을 높이는 것이 죽음과 죽어감의 과정의 질을 높인다는 것을 알게 한다.

13. 자기자신의 죽음에 대한 철학을 확립하고, 죽음이나 죽어가는 과정을 스스로 선택하도록 격려한다.

14. 죽음에 대한 종교의 다양한 해석을 탐구한다.

15. 사후의 생명에 대한 가능성을 생각하도록 격려한다.

- Deeken, Alfons. *알폰스 데켄박사 강연집*. 서울: 각당복지재단, 1992.

PART
3

어린이와 죽음

죽음과 관련된 아이들의 인식은 죽음을 되돌릴 수 있는 것,
혹은 일시적인 상태로 생각한다. 이렇듯 아이들이 이해하는 죽음은
어른들이 생각하는 것과 다르다.

Do not be afraid of crying

어린이와
죽음

큰딸 승희가 4살 정도 되었을 때이다. 어느 날 승희에게 팬케이크를 해줄 기회가 있었다. 하지만 음식을 만드는 일에 서툴러서 팬케이크의 절반 정도를 태우고 말았다. 나는 팬케이크의 탄 부분을 제거해 가면서 승희에게 조금씩 떼어 주었다. 승희는 왜 탄 부분을 떼어서 주는지 궁금해 하며 물었다.

"아빠, 왜 이건 먹으면 안 돼?"

"응, 탄 부분을 먹으면 일찍 죽는단다."

나는 살짝 웃으며 대답했다.

"아빠, 일찍 죽는 게 뭐야?"

"응, 일찍 하늘나라 가는 거지"

"하늘나라는 뭐야?"

"하늘나라는 저 하늘에 있는 거야. 우리가 지금은 여기서 살지만, 죽으면 하늘나라에 가게 돼."

승희와 이러한 대화를 하면서 나도 모르게 조금 탄 부분을 먹게 되었는데, 그때 승희는 다시 한번 물었다.

"아빠, 근데 왜 탄 거 먹어?"

"응, 아빠는 승희보다 많이 살았기 때문에 하늘나라 가도 되니까 탄 거 먹어도 돼"

순간 아이의 표정이 일그러지더니 금방 울음을 터뜨렸다.

"승희야, 왜 울어?"

울먹이면서 승희가 대답했다.

"아빠, 탄 거 먹지 마! 아빠, 하늘나라 가면 안 돼!"

나는 순간 감정이 북받쳐 오르는 것을 느꼈다.

'아! 내가 왜 이런 대답을 했을까?'

나는 아이를 달래며 말했다.

"그래 그래. 아빠도 탄 거 안 먹을게."

너무나 갑작스럽게 일어난 일이고, 조금은 재미있게 말하려고 했을 뿐인데 승희의 반응에 몹시 놀랐다. 아마 승희 같은 4살 아이들은 죽음이란 누군가를 멀리 떠나 보내는 것, 누군가와 분리되는 것으로 생각하는 것 같다. 이 나이 또래의 아이들은 죽음에 대해서 어떻게 생각할까?

많은 학자들이 삐아제(Piaget)의 인지발달이론을 적용하여 아이들의 죽음 인식에 대한 연구를 하였다. 삐아제의 이론에 따르면, 4-7세를 전조작기(Pre-operational Period)라고 하는데, 이 나이의 아이들은 마술적인 사고와 자아중심적인 사고를 한다.

죽음과 관련된 아이들의 인식은 죽음을 되돌릴 수 있는 것(Reversible) 혹은 일시적인 상태로 생각한다. 그래서 죽은 사람에게 큰소리로 외치면 다시 살아날 수 있다는 생각을 한다. 또한 아이들은 모든 일에 심리적인 원인(Causality)을 찾으려고 한다. 그래서 부모님이 돌아가셨을 경우, 자신이 부모님의 말을 잘 안 들어서 그랬다고 생각하거나, 자신이 엄마에게 화를 내서 그랬다고 생각하기도 한다. 이렇듯 아이들이 이해하는 죽음은 어른들이 생각하는 것과는 많이 다르다.

나는 종종 나의 삶과 죽음, 그리고 아이들에 대해서 생각해 보곤 한다. 만일 내가 너무 일찍 세상을 떠나면 아이들은 어떡하나? 생각할 때도 있고, 죽음이라는 개념조차 제대로 이해하지 못하는 아이들이 아빠의 죽음을 어떻게 받아들일지, 또한 아내는 아이들에게 어떻게 설명할지, 내가 없이 가족이 잘 살아갈 수 있을지 등에 대해 가끔 생각이 들기도 한다.

주변의 젊은 아빠들과 이러한 이야기를 나누다 보면 그들도 그런 생각을 해본 경험이 있다고 말을 한다. 또한 많은 부모님들이 아이들로부터 예상치도 못한 죽음에 대한 질문을 받을 때가 있다. 더 나아가 할아버지나 할머니, 그리고 주변 사람들의 죽음을 접하게 될 때 여러 가지 궁금증을 품게 된다. 하지만 우리 사회는 죽음을 터부시하기 때문에 어른들조차 죽음이라는 것을 말하는 데 익숙하지 않고, 아이들에게 죽음에 대해 설명한다는 것 또한 쉽지 않다.

린다 골드만(Linda Goldman)은 저서 『Great Answers to Difficult Que-stions about Death』에서 중요한 관점을 제시한다. 그것은 '죽음에 대한 아이들의 질문을 회피하지 말고, 직접적으로 답을 해 주라'는 것이다.[6] 어른들이 이러한 질문에 답하는 것을 피한다고 느낄 때 아이들은 자기 나름대로 죽음에 대한 생각을 하게 되는데, 그것은 때로 왜곡되고 과장되어, 염려와 두려움을 느끼게 한다.

아동상담가인 린다 골드만은 여러 아이들과 상담한 경험을 토대로 다양한 사례를 제시한다. 그녀는 교통사고, 자살, 테러, 질병, 살인 등으로 부모와 형제를 잃은 아이들이 느끼는 감정들(슬픔, 분노, 두려움, 죄책감 등)을 잘 달래줄 뿐 아니라, 죽음과 관련된 질문에 솔직하게 답변해 줌으로써 아이들이 정직한 방식으로 죽음을 대할 수 있도록 돕는다.

할머니를 잃은 5살 사라의 이야기를 예로 들어보자. 할머니는 살아계시는 동안 손녀에게 너무나 잘해 주었고, 아이도 할머니를 좋아하고 잘 따랐다. 할머니가 돌아가시고 슬픔에 잠긴 아이에게 엄마가 위로의 말을 전했다.

"할머니는 하늘나라에 계시단다. 할머니는 참 좋은 분이셨고, 하나님께서 할머니를 너무 사랑하셔서 하나님 곁으로 부르신 거란다."

얼핏 그럴 듯한 위로의 말일 수 있다. 하지만 아이는 그 이후로 두려움이 생겼다. 하나님이 할머니를 사랑하셔서 일찍 데려가셨다면, 하나님이 사랑하는 자신 또한 데려가실 수 있다는 생각에 사로잡혀 잠을 이룰 수 없었다. 린다는 상담을 통해 죽음은 착한 사람이건 나쁜 사람이건 간에, 모든 사람이 겪게 되는 삶의 일부임을 아이에게 가르쳐주고 있다.

얼마 전, 한 미국인 친구와 '어린아이의 죽음'에 관한 이야기를 나눌 기회가 있었다. 그 친구는 한 어린아이의 장례식에서 목사가 하는 설교를 듣고 깜짝 놀란 적이 있다고 한다. 설교의 내용 중에 이런 내용이 있었던 것이다.

"슬퍼하지 마십시오. 이 아이는 하나님께서 너무 사랑하셔서 하늘로 데려가셨고, 지금은 천사가 되어 하나님 곁에 있습니다."

이 친구는 조금 흥분된 어조로 내게 말했다. 이건 신학적으로 맞는 이야기도 아닐 뿐더러, 어떻게 어린아이를 잃고 슬픔을 당한 가족에게 그런 말을 할 수 있냐고 말했다. 오히려 가족의 슬픔과 애통함을 이해해 주는 말과, 신앙인으로서 언젠가 천국에서 만날 수 있을 것에 대한 소망을 이야기해야 했던 것이 아니냐며 역설하였다.

이는 이 분야에 대해 제대로 교육을 받지 못했거나 부족한 경험으로 인한 목회자의 실수라고 생각한다.

미국에는 아이들에게 죽음을 가르치는 좋은 책들이 많이 있다. 삽화가 곁들인 동화책 형식의 책들이 많은데, 한국에 소개되지 않아 안타깝다. 10여 년 전에 『나뭇잎 프레디(The Fall of Freddie the Leaf)』라는 책을 읽었는데, 이 책은 자연의 과정을 소개하면서 간접적으로 인간의 삶과 죽음을 생각해 보게 하는 좋은 책이다. 더불어 삶의 소중함과 가치를 일깨워주기도 한다.

전문가들은 아이들에게 죽음을 가르치기 위해서는 삶 속에서 얻어지는 기회를 잘 활용하라고 말한다. 매해 꽃이 피고 지는 것이나 나무에 새싹이 자라고 나뭇잎이 떨어지는 것을 통해 생명의 탄생과 죽음에 관해서 자연스럽게 이야기할 수 있다. 또한 장례식장에 갈 기회가 있다면 아이들과 동행하여 일깨움의 기회를 주는 것도 바람직하다.

사실 오늘 이 시대를 살아가고 있는 아이들은 텔레비전이나 비디오 게임, 인터넷을 통해서 쉽게 폭력과 죽음을 접하게 된다. 그에 반해, 실제 죽은 사람을 봤다거나 어른과 죽음에 대한 의미 있는 대화를 나누어 본 적은 거의 없을 것이다. 어른과의 대화를 통해서 아이가 죽음을 자연적인 삶의 한 과정으로 느끼도록 하는 것이 중요하다. 문제는 아이가 이러한 이야기를 받아들이지 못할 것이라는 선입견 때문에 대화를 피하는 것이다. 또 다른 문제는 어른이 이에 대한 제대로 된 답을 갖고 있지 못할 때이다.

아이들은 아마 이러한 질문을 할 것이다.

"죽음이 뭔가요?"

"할아버지는 왜 돌아가셨나요?"

"돌아가신 엄마를 다시 만날 수 있나요?"

"천국은 어디에 있는 건가요?"

"하나님이 왜 엄마를 죽게 내버려두셨나요?"

"저도 죽게 되는 건가요?"

"저 때문에 엄마가 돌아가신 건가요?"

어린아이를 키우는 부모님, 어린 손자 손녀가 있는 할머니나 할아버지, 학교에서 아이들을 가르치는 선생님, 교회학교 교사, 모두 이러한 질문에 답변할 준비가 되어 있어야 한다. 그리하여 대화를 피하는 것이 아니라, 열려 있는 대화를 통해 아이들의 죽음에 대한 이해와 슬픔을 치유하는 과정을 도울 수 있을 것이다.

죽음에 대한
아이들의 인식

유아기 (0-2세)　이 시기 아이들은 추상적인 개념을 이해할 수 있는 능력이 없다. 이 시기는 죽음에 대한 개념을 이해하기 위한 준비 단계라고 할 수 있다. 아이들은 부모와 분리되는 경험을 통해서 불안의 감정을 느낀다. 죽음도 하나의 분리로 이해하여 불안감을 나타낸다. 이러한 분리 불안의 감정은 울음을 통해 표현되지만, 그밖에 잠을 이루지 못하거나 음식을 잘 먹지 않는다든가, 활발한 활동을 하지 않는 것 등으로도 나타난다.

영아기 (2-4세)　이 시기의 아이들은 죽음과 삶을 분리해서 생각하거나, 자신에게 무슨 일이 일어났다는 사실로써 죽음을 생각하지 않는다. 이 시기 아이들은 '영원'이라는 개념을 이해하지 못하기 때문에 죽음을 일종의 일시적이고도 회생 가능한 것으로 본다. 그래서 아이들은 '언제 엄마가 다시 집에 돌아오나요?'와 같은 물음을 하게 된다.

아동기 (4-7세)　이 시기의 아이들도 마찬가지로 죽음을 일시적이고 회생 가능한 것으로 본다. 마술적인 사고가 중심이 되는 이 시기의 아이들은 죽음도 통제 가능한 것으로 본다. 때로 아이들은 부모의 죽음을 자신의 책임으로 생각하기도 한다. 또한 자신과 전혀 연관이 없는 일에 대해서도 어떤 연결점을 찾으려고 한다. 그래서 이 시기의 아이들에게는 죽음에 대한 진실을 알리는 것이 중요한다.

유년기 (7-10세)　이 시기에 들어 아이들은 비로소 죽음을 회생 불가능한 것으로 보며, 죽음의 종국성과 보편성을 이해하기 시작한다. 때로 이들은 죽음을 귀신과 같은 모양으로 형상화하기도 한다. 이들은 죽음과 관련된 것들에 대해 자세히 알고 싶어한다. 그래서 이들은 때로는 죽으면 어떻게 되는 걸까? 죽은 후에도 손톱이나 머리카락이 자랄까? 등의 구체적인 질문을 한다.

소년기 (10-12세)　이 시기의 아이들은 유년기 아이들과 비슷한 죽음 인식을 가진다. 이 시기는 아이들이 자아 정체성을 형성해 가고, 독립성을 갖기 시작하며, 또래 집단에 의존하기 시작하는 단계이다. 죽음과 관련하여서 주변 사실들을 인지하며, 죽음에 대한 생물학적인 이해가 증진된다. 감정적으로는 완전히 성숙하지 못했기 때문에 부모의 죽음으로 인해 분노를 표출하거나 자극적이고도 위협적인 행동을 하기 쉽다.

청소년기 (13세 이후)　청소년기의 죽음에 대한 이해와 반응은 어른들과 비슷하다.

- Huntley, Theresa. *Helping Children Grieve*. Augsburg: Augsburg Fortress, 1991.
- Goldman, Linda / 윤득형 역. 『우리는 왜 죽어야 하나요?』 서울: 도서출판 KMC, 2013.

어린이에게
죽음에 대해
설명하기

　　　　　　　　　　도서관에서 공부하다가 늦은 시간에
집으로 돌아온 날이었다. 아내는 그날 밤 큰 딸 승희와 나누었던 대화
를 들려 주었다. 올해 열 살된 승희는 부쩍 죽음에 대해 관심이 많아졌
다. 유치원 때 느꼈던 죽음에 대한 막연한 두려움이 아닌 구체적인 질
문을 하곤 한다. 지구가 어떻게 생겨났고, 옛날에 살던 사람들은 다 어
디에 갔는지, 사람이 어떻게 태어나는 것이고 왜 죽는지 묻는다. 또한
죽으면 어떻게 되느냐고 묻는다. 그러한 질문을 받을 때, 나는 늘 최선
을 다해 대화하고 설명해 주려고 노력한다.

　그날은 좀 더 심각했던 모양이다. 두 아이를 재워놓고 잠시 휴식을
취하고 있던 아내는 갑작스런 승희의 울음소리에 놀라 방으로 뛰어 들
어갔다고 한다. 아이는 펑펑 울며 엄마에게 안겼고, 울먹이며 하는 이

야기를 들어보니, 승희는 자면서 죽음에 대해서 생각했다고 한다. 그러다가 아마 두려운 마음이 생긴 듯하다. 상기된 표정과 울컥거리는 목소리로 엄마에게 질문을 한다.

"엄마, 죽으면 어떻게 되는 거야?"

"죽으면 코나 입이 다 없어지는 거야?"

"죽으면 아픈 거야?"

"난 죽고 싶지 않아."

아내는 울먹이며 이야기하는 승희의 말을 차분히 들어주었다. 그리고 아이에게 어떻게 설명하면 좋을까 잠시 고민하다가, 평소 나와 나눈 이야기를 떠올리며 아이에게 설명하기 시작했다고 한다.

"승희야, 사람은 누구나 다 죽게 되는 거야. 죽는다는 것은 심장의 기능이 멈추어서 더 이상 숨을 쉴 수 없다는 것을 의미하기도 해. 어떤 사람은 아파서 죽기도 하고, 어떤 사람은 사고나서 죽기도 하고, 그냥 나이가 많아서 죽기도 하는 거야."

그리고 나서 아내는 아이의 이해를 돕기 위한 예를 한 가지 생각해 냈다.

"이렇게 생각하면 어떨까? 우리는 승연이(둘째 딸)가 태어나기 전에 엄마 뱃속에 있다는 것을 알고 있었어. 그런데 승연이는 우리가 있는지 몰랐을 거야. 왜냐하면 엄마 뱃속에서 우리를 볼 수 없잖아. 그치?"

이제 좀 안정을 찾은 승희가 이해가 간다는 듯 고개를 끄덕였고, 아내는 계속해서 설명했다.

"죽음이라는 것도 마찬가지야. 우리가 사는 이 세상에서는 서로 얼굴을 보며 살아가고 있지만, 우리가 죽으면 천국에 가게 되는데, 승연이가 엄마 뱃속에 있었을 때 우리를 보지 못했던 것처럼 천국에 있는 사람들도 지금 우리가 볼 수 없는 거야. 승연이가 살고 있던 엄마 뱃속을 하나의 세상이라고 생각하고, 우리가 살고 있는 세상을 또 다른 세상이라고 생각해 보자. 승연이는 우리가 살고 있는 세상을 몰랐던 것처럼 천국은 또 하나의 다른 세상인 거지. 그래서 천국은 확실히 있지만, 어떤 곳인지 지금은 알 수 없는 거야."

아이가 조금 이해한 듯 엄마에게 다시 질문한다.

"엄마. 그럼, 죽으면 눈이나 코, 입도 다 없어지는 거야? 무서워. 아플 것 같아."

아내는 이건 또 어떻게 설명해야 하나 잠시 고민이 되었다. 그러다가 다시 아이디어가 떠올랐다고 한다.

"그것도 이렇게 생각해 보면 되겠다. 승연이가 엄마 뱃속에 있을 때 우리 모두 승연이가 어떻게 생겼는지 궁금해 했어. 아. 승연이가 엄마 뱃속에 있을 때 사진 본 거 기억하니?"

아이가 고개를 갸우뚱거리자, 아내는 얼른 보관해 두었던 태아 사진을 꺼내 들었다. 아내는 그 사진을 승희에게 보여주며 계속 설명했다.

"잘 봐. 어디가 승연이 얼굴일까? 손도 보이지? 여기 발도 보이잖아.

그런데 승연이 얼굴 모습이나 손발의 모습은 있지만, 우리가 자세한 모양은 볼 수 없지? 그건 아직 몸의 모습이 다 형성되지 않았기 때문인 거야. 하지만 승연이가 세상에 나왔을 때는 눈 코 입이 다 있었지. 승연이가 뱃속에서 손발이 완전하지 않았을 때 아팠을까? 죽는 것도 그렇게 생각해 보면 어떨까? 죽으면 우리 몸은 없어지지만 아마 아프다고 느끼지 않을 거야. 그리고 천국에 갈 때는 또 다른 형태로 변하게 되는데, 그걸 영적인 모습이라고 말하지. 그건 나중에 설명해야겠다. 이제 얼른 자자."

어느 정도 마음에 안정을 찾은 승희가 다시 잠자리로 들자, 문득 자는 줄 알고 있었던 승연이가 말했다.

"엄마, 언니 왜 안 자? 빨리 자라고 해."

아이들이 잠든 후 살펴보니, 마치 언니를 위로하듯이 승연이가 언니의 손을 꼭 잡고 있었다. 승연이도 죽음에 대한 엄마와 언니의 대화를 다 듣고 있었던 듯하다.

아내의 이야기를 들으며, 아내가 아이에게 설명을 매우 잘해 주었다고 생각했다. 그리고는 예전에 읽었던 헨리 나웬(Henri Nouwen)의 책이 생각났다. 나웬은 죽기 2년 전, 죽음에 대한 묵상을 책으로 펴냈다. 한국어 제목은 『죽음, 가장 큰 선물(Our Greatest Gift: A Meditation on Dying and Caring)』이다. 나웬은 죽음과 사후세계를 설명하기 위해 엄마의 자궁 안에 살고 있는 쌍둥이 태아 남매의 대화를 예로 들었다.

출생 후의 삶을 믿는 쌍둥이 여아는 분명히 엄마라는 존재가 있을 것이고, 자궁 속 너머에 다른 세계가 있을 것이라는 확신을 갖고 쌍둥이 남동생을 설득해 보려고 하지만, 엄마의 자궁 속에서 공급받는 영양분으로 만족해 하며 살고 있는 쌍둥이 동생을 설득할 수 없다. 또한 쌍둥이 남동생은 쌍둥이 누나의 쓸데없어 보이는 이야기를 피하는 것이 상책이라고 생각한다.

그들 대화의 한 부분을 옮겨 본다.

잠깐 침묵 후에 쌍둥이 누나가 주저하면서 말했다.

"할 말이 있는데, 넌 내가 말하는 것을 믿지 않겠지만, 내 생각에는 엄마라는 존재가 있어."

쌍둥이 남동생은 화가 나기 시작했다.

"엄마라고!" 그는 소리쳤다.

"도대체 무슨 뚱딴지 같은 소리야? 나는 한 번도 엄마를 본 적도 없고, 그건 너도 마찬가지잖아. 도대체 누가 네 머릿속에 그런 이상한 생각을 불어넣은 거야? 내 말처럼, 여기는 우리가 살 수 있는 유일한 공간이야. 왜 너는 항상 뭔가 더 바라냐? 여기가 그렇게 나쁜 공간도 아니잖아. 우리가 필요한 모든 것이 다 있잖아. 그러니까 그냥 만족하며 살자."

After some silence, the sister said hesitantly, "I have something else to say, and I'm afraid you won't believe that, either, but I think there is a mother." Her brother became furious. "A mother!" he shouted. "What are you talking about? I have never seen a mother, and neither have you. Who put that idea in your head? As I told you, this place is all we have. Why do you always want more? This is not such a bad place, after all. We have all we need, so let's be content."[7]

나웬은 이 예화가 죽음을 설명하기에 좋은 예라고 말한다. 사람들은 마치 죽지 않을 것처럼 살아가고, 애써 죽음에 대한 이야기를 피하려고 한다. 사실 죽음은 고통스럽지만 동시에 새로운 세계에서 하나님을 대면할 수 있는 축복이라고 한다. 마치 아이가 엄마의 태 속에서 살다가 출생 이후에 새로운 세계를 경험하는 것처럼, 이 세상에서 생명이 다하고 나면 반드시 새로운 세상, 즉 천국이 있다. 태아가 출생하여 엄마 혹은 아빠의 존재를 만나는 것처럼 우리는 하나님을 직접 만날 수 있는 것이다.

나웬은, 죽음을 축복이라고 말한다. 그 이유는 죽음이 우리를 가난하게 만들기 때문이다. 우리는 세상에 아무것도 가지지 않고 태어난다. 마찬가지로 죽음은 모든 사람들을 동등하게 만든다. 동등한 모습으로 서로 만나고 하나님을 만난다.

또한 나웬이 말하는 죽음이 선물인 것은, 죽음은 남겨진 사람들에게 의미가 될 수 있기 때문이다. 예수님의 죽음이 우리에게 구원을 주고, 한 성자의 죽음이 다른 이들의 영성과 삶에 영향을 미치는 것처럼, 내 가족의 죽음이 헛되이 되지 않고 나의 삶을 이끄는 전환점이나 방향이 될 수 있는 것처럼, 모든 사람의 죽음에는 다른 사람의 삶에 영향을 주는 의미가 있기에 선물이 될 수 있다는 것이다.

나웬의 책에 쓰인 쌍둥이 남매의 이야기를 접하지 않았던 아내가 태아의 예를 들어 승희에게 그러한 설명을 했다니 놀랍기만 했다. 물론 죽음에 관한 아내의 설명도, 나웬이 제시한 예화도 완전한 것은 아니다. 하지만 적어도 아이들이 죽음에 관해 궁금해 하며 엄마 아빠에게 질문할 때 대답해 줄 수 있는 적절한 예라고 믿는다.

늘 강조하는 것처럼 죽음에 관한 아이들의 질문을 피하거나 미루지 말아야 한다. 직접적으로 대답해 줌으로써 어릴 때부터 삶과 죽음에 관한 바른 생각과 가치관을 가질 수 있도록 도와야 할 것이다.

아이들에게
죽음에 대해서 가르치기

가정　죽음에 관해서 아이들과 이야기할 수 있을 좋은 기회를 놓치지 말고 대화하는 것이 필요하다. 가령 아이가 키우던 애완동물이 죽었을 때, 부모는 상실의 감정을 민감히 다뤄주어야 한다. 죽음에 대한 아이의 질문에 진솔히 답해 주는 것도 필요하다.

또한 떠나보내기 위한 간단한 의례를 하도록 도와주는 것이 좋다. 아이와 함께 꽃이나 식물을 가꾸는 일은 자연의 주기와 생명의 변화에 대해서 이야기할 수 있는 좋은 기회이다.

또한 아이들에게 자신이 믿는 종교에서 죽음에 대해서 어떻게 이야기하는지 말해 주는 것도 중요하다. 더불어 아이들의 죽음에 대한 질문에 솔직하고도 일관된 대답을 하는 것은 아이들의 가치관 형성에 도움이 된다.

학교　학교는 아이들에게 죽음에 대해서 가르칠 수 있는 좋은 장이다. 선생님은 아이들과 사회에서 일어나는 죽음 현상들에 대해 이야기하면서 자연스럽게 죽음에 대해서 가르칠 수 있다. 특별 프로그램을 디자인하여 삶과 죽음에 대해서 가르치고, 자살 예방 프로그램을 통해서 생명의 소중함을 일깨워줄 수 있다.

또한 학기 중에 부모나 조부모가 돌아가신 아이가 있을 경우에 다른 아이들에게 어떻게 위로해야 하는지 설명해 주면서 죽음에 대해 이야기할 수 있고, 조문이나 장례식에도 함께 참여할 수 있다. 학교에서 죽음을 가르치기 위해서 무엇보다 중요한 것은 먼저 선생님들이 죽음에 대한 교육을 받는 것이다.

신앙공동체 기독교의 교육은 죽음에 대해서 이야기할 수 있는 가장 좋은 장이 될 수 있다. 왜냐하면 예수님의 십자가와 죽음, 부활, 그리고 천국에 대해서 가르치기 때문이다. 기독교의 신앙 안에서 죽음을 어떻게 바라보고 있는지 가르치는 것은 아이들의 가치관과 정체감 형성에 매우 중요한 역할을 한다.

죽음에 대해서 이야기할 때, 하나님을 '데려가는 분'으로 표현하기보다 '천국에서 맞이하는 분'으로 표현하는 것이 하나님에 대한 신앙관 형성에 도움이 된다. 또한 모든 질문에 신앙적인 언어로 다 설명하려 하기보다, 잘 알지 못하는 부분은 신비적인 영역으로 남겨두고 솔직히 말하는 것도 필요하다.

- Huntley, Theresa M. *Helping Children Grieve: When Someone They Love Dies*. Minneapolis: Augsburg Fortress, 2002.
- The Dougy Center. *Helping the Grieving Student: A Guide for Teachers*. Portland: The Dougy Center for Grieving Children, 2004.

부모의
슬픔

미국의 한 통계청(National Center for heal -th Statistics) 자료에 따르면, 미국에서는 해마다 250만 명의 사람들이 죽음을 맞이한다.[8] 숫자적으로 보면, 60세 이상 어른들의 죽음이 약 200만 명으로 가장 큰 비율을 차지한다. 하지만 놀라운 사실은 해마다 0세부터 24세까지 6만 명이나 죽는다는 것이다. 2012년 통계에 따르면, 그 중 33,523명이 0세부터 14세까지이며, 주요한 죽음의 원인은 소아기 질병, 사고, 소아암 등이다. 또한 29,624명이 15세부터 24세 사이에 죽음을 맞게 되는데, 그 주요 원인은 사고, 타살, 자살 순이다.

이렇듯 한해 6만 명의 아이들이 여러 가지 이유로 죽음을 맞이한다는 것은 12만 명의 아빠와 엄마들이 매해 자식을 잃은 슬픔으로 고통당하고 있다는 말이다. 이를 하루로 따지면, 매일 300명의 부모들이 자식을 잃고 슬퍼한다는 말이다.

모든 상실 중에 가장 고통스러운 것은 죽음으로 인해서 사람을 잃는 것이다. 그 중에서도 자식을 잃는 것은 회복될 수 없는 상처이다. 애착관계론에서 보면, 애착관계(attachment)가 깊을수록 슬픔은 더하다. 아이의 죽음은 아기 때부터 줄곧 형성되어온 부모와의 오랜 애착관계 때문에 더욱 슬픔이 클 수밖에 없다. 부모에게 있어서 아이는 삶의 희망이고, 힘이며, 가족의 기쁨이다. 그렇기에 아이의 죽음은 아이를 잃은 것뿐 아니라 희망과 기쁨을 잃은 것이고, 부모 삶의 일부, 혹은 전부를 잃은 것이다. 우리나라 말에 '부모가 죽으면 땅에 묻고 자식이 죽으면 가슴에 묻는다'는 말이 있다. 이는 그 슬픔이 얼마나 깊고 오랜 시간 지속되는지 말해 주는 것이다.

15년 전, 경북 안동에서 첫 단독 목회를 할 때의 일이다. 당시 개척 교회를 했던 나는 어린이와 대학생을 중심으로 한 목회를 하였다. 첫해에 교회 근처 초등학교에서 전도하여 6학년 학생들 5-6명이 교회에 나오게 되었다.

그 중에 유난히 열심이던 상현이라는 아이가 있었다. 상현이는 나와 함께 있는 시간을 좋아하였고, 나는 상현이의 이야기를 들어주었고 필요한 조언들도 해 주었다.

어느 날, 상현이가 내게 말했다.

"전도사님, 드디어 전도사님의 존재를 어머니께 말씀드렸어요."

"그래, 뭐라고 이야기했니?"

"형님 같은 분이라고 했어요."

우리는 함께 웃었고, 나는 정말 상현이에게 좋은 신앙의 형님 같은 역할을 해야겠다고 마음먹었다. 상현이의 어머니는 안동대학교 앞에서 식당을 운영하였는데, 우리는 종종 그 식당에서 음식을 먹곤 하였다. 상현이의 어머니도 내게 호의적이고, 상현이에게 잘해 주어서 고맙다고 하였다.

그렇게 우리는 2년여의 시간을 함께 보냈고, 상현이는 중학교 2학년이 되었다. 그러던 어느 날, 상현이의 친구에게서 전화가 왔다. 당시 고등학교 2학년이던 상현이의 형이 교통사고로 죽었다는 것이다. 어머니가 대학가 근처에서 식당을 했기 때문에 대학생들과 친하게 지냈던 상현이의 형이 한 대학생의 차를 빌려서 친구들을 태우고 운전하다가 운전 미숙으로 차가 전복되었고, 그 자리에서 4명의 아이들이 숨지고, 1명은 중상을 입었다.

나는 얼른 상현이의 집으로 달려갔다. 그런데 상현이의 어머니는 나를 만나려 하지 않았다. 상현이가 교회에 나가 신앙을 갖게 된 것이 문제였다. 집안 어른들의 말이 집안에 기독교를 믿는 사람이 있어서 화를 입게 되었다고 했단다. 상현이의 어머니도 그 말을 믿는 것 같았고, 더 이상 아이가 교회에 가지 못하도록 하였다. 나에게도 더 이상 찾아오지 말라는 것이다.

교회의 중심이었던 상현이가 교회에 나오지 않자, 그의 친구들도 교회에 나오지 않았고, 나는 큰 실망감과 절망감에 빠졌다. 몇 차례 전화와 방문을 시도해 봤지만, 상현이의 어머니는 차갑게 대했고, 더 이상 상현이를 만날 수 없었다.

시간이 흘러 서울에 있는 한 교회의 부목사로 가게 되었지만, 내게는 늘 상현이가 마음에 남아 있었다. 그 후, 6년이 지난 2006년이었다. 미국에 가기 전에 다시 한번 상현이와 그의 어머니를 만나야겠다는 생각이 들어 안동을 찾았다.

상현이의 어머니는 여전히 식당을 하고 있었다. 식당에 들어서니, 어머니는 점심을 먹고 있는 대학생들과 이야기를 나누고 있었다. 자리에 앉았으나 그때까지 나를 알아보지 못하는 것 같았다.

메뉴를 들고 온 어머니에게 말했다.

"상현이 어머니!"

그분은 깜짝 놀라며 내게 말했다.

"어머, 전도사님!"

그 후 잠시 말을 잇지 못하더니, 내게 차를 한 잔 마시겠냐고 권유하였다. 차를 가져 온 어머니는 내 앞에 앉아 이야기를 시작하였다.

"전도사님, 이제 목사님 되었지요? 정말 죄송합니다. 그때 제가 그러면 안 되는 거였는데, 정말 죄송합니다. 우리 상현이가 얼마나 목사님을 찾으면서 울었는데, 제가 만나지 못하게 했어요. 상현이가 정말 힘들어 했었어요. 정말 목사님은 상현이에게 좋은 분이셨는데. 제가 그때는 제정신이 아니었어요. 5년 정도 지나고 나서야 정신을 차렸습니다. 저를 용서해 주세요."

갑작스러운 그분의 말에 나는 눈물이 핑 돌았다.

"아닙니다. 어머니, 오히려 제가 더 죄송합니다. 당시 어머니의 큰 슬픔을 제대로 이해하지 못했습니다. 그것이 얼마나 힘든 일이었는지 마음속 깊이 알지 못했습니다. 힘드셨지요? 상현이도 많이 힘들었을 텐데, 제가 함께하지 못했네요."

당시 결혼도 안 한 채 26살에 단독 목회를 하다 보니, 인생의 많은 경험도 없었던 나는 상현이 어머니의 슬픔을 마음속 깊이 헤아릴 수 없었던 것이다.

우리의 대화는 그렇게 계속되었다. 마치 하나님의 영이 그곳 식당 안을 가득 채우는 듯한 느낌이 들었다. 6여 년이 지난 후에야 마련된 이 화해의 자리가 분명 하나님의 인도하심이었음을 나는 믿었다.

상현이는 군대에 입대하였다고 했다. 이제 자리를 떠나려 할 때 상현이 어머니는 내 손을 꼭 잡으며 말했다.

"목사님, 와 주셔서 정말 감사합니다. 훌륭한 목사님이 되기를 기도하겠습니다."

어머니는 식당 앞까지 나와 거듭 인사하였고, 그 진실된 마음이 내게 전달되는 듯하였다.

슬픔치유를 공부하면서 알게 된 것은, 아이를 잃은 부모는 평균 5년의 시간이 흘러야 정상적인 삶으로 돌아오게 된다는 것이다. 물론 그렇다고 그 슬픔이 완전히 없어지는 것은 아니다. 부모의 슬픔은 다른 어떤 것과도 비교할 수 없을 만큼 큰 슬픔이다.

자식이 몇 살 때 죽었는지, 어떤 이유로 죽었는지 막론하고 부모에게 깊은 상처를 안겨준다. 자식의 죽음은 나이든 사람이 먼저 죽게 될 것이라는 자연적인 순서를 역행하는 것이고, 부모가 기대하고 바라던 자식에 대한 모든 소망을 잃는 것이기에 더욱 슬프다. 그러기에 자식의 죽음은 부모에게 근본적인 삶의 의미와 목적을 앗아가는 것이다.

또한 부모는 사전에 그러한 일이 생기지 않도록 막지 못했다는 자책감을 갖게 된다. 이로 인해 분노, 죄책감, 두려움의 감정을 느끼고, 이는 의료진이나 죽음의 원인을 제공한 사람에게 전이된다. 심지어 부부가 서로 책임을 돌리기도 하며, 온전한 가정생활을 지속하는 데 어려움을 갖게 된다.

외로움과 공허감은 자식을 잃은 부모가 겪는 공통적인 감정이다. 그러면서 죽은 자식을 그리워하는 마음이 행동으로 나타나기도 한다. 가령 자식이 죽었던 병원을 가 본다든지, 죽음을 당했던 장소를 찾아가 보는 행동을 보이기도 한다. 전혀 이상한 일이 아니다. 어떤 부모는 죽은 아이의 장난감이나, 옷가지들, 소유물을 버리지 못하고 계속 간직하기도 하고, 어떤 이들은 그런 것 때문에 죽은 아이가 더 생각나기에 서둘러 정리하기도 한다. 어떤 부모는 군중 속에서 죽은 아이를 봤다고 하기도 하고, 아이의 목소리를 듣거나, 아이가 옆에 있는 듯한 착각을 하기도 한다.

이들은 집안 일이나 직장 일에 집중하기 힘들고, 다른 사람들과 어울리거나, 같은 또래의 아이를 가진 다른 부모를 만나는 것을 힘들어 할 수도 있다. 이러한 행동과 마음을 알아주는 것은 우리 주변에 자식을 잃은 부모들의 슬픔을 이해하고 돌보는 데 도움이 될 수 있을 것이다.

1999년에 씨랜드 청소년수련원에서 화재 참사가 있었다. 이로 인해 유치원 아이들 19명과 4명의 교사들이 목숨을 잃었다. 나는 그 부모님들은 현재 어떻게 지내실지 궁금했다. 인터넷 서치를 통해서, 그 중에 한 분이 어린이 재난사고방지를 위한 한국어린이안전재단을 설립하여 아이들의 안전을 위한 교육과 캠페인을 하고 있는 것을 발견했다. 부모와 아이를 위한 안전교육과 더불어, 카시트 장착, 우측 보행, 익사 사고 방지, 미아 찾기 캠페인 등을 벌이며 어린이가 안전하게 자랄 수 있는 문화 정착을 위해 노력하고 있다. 상실과 죽음은 이루 말할 수 없는 고통이다. 하지만 고통의 깊음 중에서도 그것을 넘어서서 의미 있는 일에 자신을 던짐으로써 고통과 슬픔을 승화시키는 이가 있었다.

나는 거기에서 희망을 찾는다. 그들 마음의 상처를 완전히 치유하거나 원래대로 회복시킨다는 것은 불가능한 일일 것이다. 그 어떤 상담의 대가도 할 수 없는 일이지만 자신의 삶에 새로운 의미를 부여하고, 다시는 어른들의 부주의함으로 맑고 밝게 자라날 어린이들이 희생되는 일이 생기지 않도록 돕는 일은 분명 자식의 죽음을 헛되이 하지 않는 일이다. 다른 어린 생명들을 살리는 귀한 일이며, 그것이 자식을 잃은 슬픔을 조금이라도 회복시켜 나가는 귀한 길임을 믿는다.

자녀를 잃은 부모의
슬픔과 반응

자녀의 죽음, 유산이나 사산으로 인한 것이든, 불의의 사고와 질병으로 인한 것이든 간에, 이것은 부모가 겪는 아픔 중에 가장 고통스럽고 절망스러운 일이다. 한 연구에 의하면 자식을 잃은 부모가 겪는 고통이 부모나 배우자를 잃을 때보다 훨씬 더 심한 고통을 겪는다고 한다. 절망, 좌절, 분노, 죄책감, 두려움 등은 자녀를 잃은 부모들이 겪는 일반적인 감정이다. 특별히 분노는 의료진이나 다른 가족, 또는 하나님께 향하기 쉽다. 죄책감은 자신이 자녀를 잘 돌보지 못한 것에 대해서 그렇고, 사고의 경우 자신이 미리 예방할 수도 있었을 텐데…라는 마음에서 오게 된다.

예전에는 부부가 자녀를 잃은 이후 이혼하는 경우가 많다는 연구들이 있었지만, 최근 연구 결과에 따르면, 이혼하는 경우는 이미 관계가 좋지 못한 부부들이 이를 계기로 이혼하는 것이지, 실제 아이의 죽음과 관련되어 이혼하는 것은 아니었다. 한편 슬픔을 표현하는 방식에 있어서는 아빠와 엄마가 크게 다르다. 즉, 아빠들보다 엄마들이 더 적극적으로 다른 사람들의 도움을 받으려 하고, 애도와 상실에 관한 책을 읽거나, 일기 등의 글쓰기를 하고, 감정을 더 잘 표현한다.

조앤 아놀드(Joan Arnold)와 페넬로프 겜마(Penelope Gemma)는 자녀를 잃은 부모들의 경험을 양적 연구와 질적 연구를 통해 조사하였다. 이들은 부모가 겪는 슬픔의 본질을 긍정적, 변혁적, 점진적 과정으로 이해한다. 연구에 참여한 많은 부모들은 수만 가지의 복잡한 감정의 변화를 겪었으며, 자녀가 죽은 이후에 자신들이 추구했던 삶의 목적과 가치가 바뀌게 되었다고 한다. 그들은 의미있는 삶을 위해 직업을 바꾸기도 했고, 자원봉사에 전적으로 헌신하기도 했다고 한다. 또한 다른 사람을 이해하고 긍휼히 여기는 마음이 더 커졌다고 한다. 이러한 변화된 삶은 부부관계와 남아있는 자녀와의 관계를 더욱 강화시키는 힘이 되었다고 말한다.

- Arnold, Joan and Penelope Buschman Gemma, "The Continuing Process of Parental Grief." *Death Studies 32* (2008): 658-673.
- Worden, William. *Grief Counseling and Grief Therapy: A Handbook for the Mental Health Practitioner.* 4th Edition. New York: Springer Publishing, 2009.

PART
4

병원에서의
삶과 죽음

죽음은 죽어가는 환자뿐 아니라
그를 돌보는 가족에게도 전혀 생각지 못한
삶의 귀한 가치와 의미를 가르쳐 주기도 한다.

Do not be afraid of crying

미국에서의
병원 사역

　　　　　미국에는 병원마다 다양한 종교를
위한 채플린(Chaplain)이 있다. 보통 종합병원에는 서너 명의 채플린이
매일 환자를 돌본다. 병원에서 일하는 대부분의 원목은 한국처럼 병원
에서 사례를 받는 것이 아니라 소속 교단이나 교회에서 사례를 받는
경우가 많다. 하지만 그들은 병원의 정식 직원으로서 일을 한다. 의료
진이 기록하는 환자의 정보와 병력 등을 볼 수 있는 똑같은 권한이 있
고, 의료진과의 협력적인 관계 안에서 일을 한다.

　채플린은 기독교 채플린이 가장 많긴 하지만, 캘리포니아처럼 히스
패닉 인구가 많은 곳에는 가톨릭 신부도 채플린으로 많이 일한다. 또
한 유대교 랍비나 이슬람 채플린이 있는 곳도 더러 있다.

　왜 이렇게 많은 채플린이 필요할까? 이유는 간단하다. 많은 미국인
들은 스스로 신앙인이라고 생각하는데, 실제 교회에 다니는 사람은 많

지 않다. 그러니 병원에 입원하는 것과 같은 삶의 위기에 직면했을 때 병원에 찾아와 줄 목사가 없는 것이다. 또한 히스패닉계의 환자는 대부분 가톨릭 신자인데, 그들 또한 매주 성당에 가는 사람들은 별로 없다. 이유야 어떻든 간에 그들의 아픔을 들어주고 기도해 줄 목사나 신부가 없기 때문에 병원에서는 영성부(Spiritual Care Department)를 두어 환자의 영적케어(Spiritual Care)를 담당하게 한다.

엄밀히 말해 병원 사역은 목회상담이 아니라 영적상담이다. 다양한 종교의 환자들이 입원해 있으니 기독교만을 표방할 수 없다. 때로 기독교 채플린이 가톨릭 의례를 집례하기도 한다.

나의 첫 번째 온콜 환자는 가톨릭 신자였고, 그가 요구한 것은 고해성사(Confession)였다. 당시 나는 병원 주변에서 사역하는 가톨릭 단체인 홀리앤젤스(Holy Angels)에 전화해 신부가 와줄 것을 요청했지만 시간이 맞는 신부가 없었다.

나는 환자와 환자 가족에게 양해를 구하고 나서, 현재 병원 전체의 영적케어를 책임지고 있는 채플린이며 목사인데, 혹시 나에게 이야기해도 괜찮으면 이야기를 들어주겠다고 했다. 환자가 좋다고 하자 환자 가족은 자리를 비켜주며 환자가 편안히 이야기할 수 있도록 도왔다. 나는 마치 상담을 하듯 환자의 고백을 들어주고, 하나님의 용서와 화해에 대한 이야기를 전하고 기도해 줌으로써 첫 고해성사(?) 집례를 마쳤다.

병원에서의 채플린 사역의 출발은 안톤 보이즌(Anton Bosien)의 목회 임상교육(Clinical Pastoral Education)에서 시작되었다. 1925년 보이즌은 메사추세츠 주에 위치한 우스터(Worcester)주립병원에 신학생들을 모집하여 학생들이 신학적인 관점과 목회상담학적인 견지에서 환자를 상담할 수 있는 프로그램을 제공하였다.[9]

보이즌은 이들이 상담한 내용을 레코딩하여 분석하고, 강의와 토의를 통해 신학생을 교육했다. 이것이 바로 CPE의 시작점이 되었고, 후에 힐트너(Seward Hiltner) 같은 다른 학자들을 통해 발전되어 병원뿐 아니라 교도소까지 확장되었다.

병원은 참으로 다양한 삶의 풍경이 연출되는 곳이다. 어떤 사람에게는 기쁨과 축하의 장소이기도 하고, 어떤 사람에게는 두려움과 슬픔의 공간이기도 하다. 새로운 생명이 태어나기도 하고, 질병과 사고로 인해 찾아온 환자가 죽음을 맞이하기도 한다.

요즘은 의료진의 자세도 많이 개선되었다고 하지만, 여전히 환자의 병이 심각한 상태가 되면 환자의 의견은 무시되고, 사람으로 취급받기보다 아무런 인격도 없는 물건처럼 취급받을 때가 많다. 의사는 환자를 완치시키기 위한 최선의 노력을 한다고 하지만, 그 과정에서 환자와 가족은 병에 대한 두려움과 동시에 비인격적인 대우에 대한 분노나 절망감도 갖게 된다.

이렇듯 의사나 의료진은 환자의 질병에 관심이 있지만, 채플린은 환자와 환자의 삶에 관심을 갖는다. 그러니 환자나 가족에게 있어서 채플린은 인격적인 대우를 받으며 여러 시간 함께 해줄 수 있는 유일한 병원의 직원인 셈이다. 특별히 환자가 암병동이나 중환자실에 있을 경우에는 채플린의 역할이 더욱 중요하다. 그들은 자신의 지나온 삶을 돌아보며 생사의 갈림길에서 삶과 죽음에 대해 생각할 기회가 더 많기 때문이다. 하지만 육체적으로 힘든 상황이기에 긴 대화를 나누기 힘든 경우가 많다. 그렇게 되면 주로 가족과 더 많이 대화하기도 한다. 어떤 경우에는 가족과 의료진 회의(Family Conference)에 참여하여 환자의 생명을 인공적으로 지탱시켜주고 있는 장치를 빼도 될 것인지에 대한 논의에 의견을 말해야 할 때도 있다.

내가 인턴십을 마치고 현재 커뮤니티 채플린으로 있는 감리교병원(Methodist Hospital)에는 뷰잉룸(Viewing Room)이 있다. 뷰잉룸을 담당하는 것은 전적으로 채플린의 몫이다. 온콜을 하는 날이면 평균 한 번씩 뷰잉룸 사용을 위한 요청이 들어온다.

뷰잉룸에는 각각의 종교를 상징하는 십자가, 마리아상, 불상 등이 보관되어 있고, 채플린은 그들의 종교를 파악하고, 미리 준비된 공간에 상징물, 물과 차, 커피 등을 준비해 놓는다. 뷰잉룸은 단순하지만 잘 꾸며 놓은 거실 같은 분위기이다. 이곳 앞부분에 침대가 있고 그 위에 시신을 모신다. 그리고 채플린은 시신을 옮기는 담당부서 사람들이 잘 준비해 놓았는지, 가족이 보기에 괜찮을지(presentable) 등을 확인하고 가족을 방으로 들어오게 한다. 보통 채플린은 한 5분 정도 가족과 이야기하며 필요한 것이 있는지 확인한다. 이때 가족이 돌아가신 환자를 위한 기도나 예배를 원하면, 간단한 예배나 기도를 인도하기도 한다. 그리고 나서 가족이 언제 자리를 떠날지 확인하고 방에서 나온다.

내겐 아직도 눈에 선명한 장면이 있다. 어느 날, 60대의 중국인 남자가 돌아가셨다. 두 딸을 중심으로 가족이 모였다. 뷰잉룸에 들어서자마자, 두 딸이 아버지의 시신으로 달려가 차가워진 아버지의 손과 얼굴을 부여잡고 울기 시작한다. 나는 아무 말 없이 그저 옆에 서 있어야만 했다. 그들의 통곡과 눈물과 아버지를 향한 외침이 범벅이 되어 내 가슴을 아프게 했다. 한 딸이 계속해서 이 말을 반복했다.

"Daddy, I love you! Thank you for everything you have done for us!(아빠, 사랑해요. 그동안 저희에게 해주신 모든 일에 감사드려요!)"

아버지를 부여잡고 통곡하는 두 딸의 모습을 보니, 갑자기 나의 어린 두 딸아이가 생각났다. 언젠가 나도 죽을 날이 올 텐데, 딸들이 이렇게 눈물 흘릴 것을 생각하니 가슴이 미어졌던 것이다.

처음 뷰잉룸에 대한 교육을 받을 때, 내 수퍼바이저는 여섯 명의 채플린 인턴을 뷰잉룸과 바로 연결되어 있는 시체실로 안내했다. 시신을 직접 꺼내 보여주며, 장갑을 끼고 시신을 만져보게 했고, 그들의 이름을 어디에서 확인할 수 있는지, 얼마간 그곳에 계셨던 건지 등을 볼 수 있도록 하였다. 그리고 환자에 대한 예의 차원에서였을까? 수퍼바이저는 돌아가신 분을 위해 기도하며, 우리에게 교육의 기회를 제공해 주셔서 감사하다는 말도 잊지 않았다.

그때 나의 눈에 들어온 한 가지가 있었다. 'Body Part Only'라고 쓰여 있는 칸이 있다. 나는 신체 일부만 보관되어 있는 곳에 대한 궁금증이 생겼다. 그리고 온콜을 하던 날, 뷰잉룸을 점검하다가 시체실로 들어가 몰래 그곳을 열어보았다. 그곳은 비어 있었다. 하지만 몇 달 뒤 그 궁금증을 해소할 수 있었다.

온콜을 하던 어느 날 새벽이었다. 좀처럼 전화가 오지 않던 산부인과(OB/GYN: Obstetrics and Gynecology)에서 전화가 왔다. 겨우 세수만 하고 병원으로 향했다. 도착해서 간호사의 이야기를 들어보니, 조기 출산한 아이가 죽은 채로 나왔다는 것이다. 아이의 엄마는 괜찮은데, 중학생, 고등학생인 두 딸이 죽은 동생을 보고 싶다는 것이다.

간호사는 그들의 이야기를 듣고서 새벽에 나를 불렀던 것이다. 어차피 뷰잉룸은 내 담당이니 내가 결정하고 알아서 처리하라고 했다. 사실 간호사의 태도로 인해 기분이 언짢았다. 하지만 그런 걸 따질 상황은 아니었다. 두 학생에게 괜찮겠냐고 재차 묻고 또 물었다. 자신의 동생을 보겠다는 그들의 생각은 확고했다.

나는 곧 환자운반부서(Transportation Service)에 전화해서 죽은 아이를 뷰잉룸으로 옮겨 줄 것을 부탁했다. 부서 담당직원이 나보다 조금 늦게 도착했다. 그래서 아이의 시신을 꺼내는 장면을 확인할 수 있었다.

아이는 바로 Body Part Only에 있었던 것이다.

손과 발, 눈 코 입이 선명한 아이를 보고 있자니 그야말로 마음이 먹먹하였다. 또한 나와 직원은 손바닥만한 아이를 어떻게 침대 위에 올려야 할지 난감했다. 담당 직원이 어른의 시신처럼 베개에 반쯤 걸쳐 놓으려고 하자, 나는 그러지 말고 차라리 베개 위에 올리자고 했다. 베개 위에 손바닥만한 아이를 올리고 이불로 몸을 덮어 주었다. 그런대로 괜찮아 보였다.

그리고 나서 죽은 아이의 두 누나를 뷰잉룸으로 들어오게 했다. 그들은 어찌할 바를 모르는 채 그저 아이 옆에 서 있었다. 그들에게 아이를 한번 안아보겠냐고 했다. 아이를 안아보자, 그제사 죽은 동생이라는 것이 느껴졌는지 눈물을 흘리기 시작했다.

아이에게 하고 싶은 말을 하라고 했고, 잠시 후 나는 죽은 아이, 아이의 누나들, 그들의 엄마를 위해 기도하였다. 짧은 시간이었다.

두 아이들을 보내고, 한참 동안 침대에 누워있는 생명이 꺼진 작은 육체를 바라보았다. 그리고 외쳤다.

"오, 하나님! 하나님! 어찌하여…."

하나님을 부르고 나니 더 할 말이 없었다. 하나님도 할 말이 없으신 듯 아무 말씀도 안 하셨다.

목회임상훈련

Clinical Pastoral Education

요즘 미국의 신학교 분위기는 CPE를 필수과목으로 지정하지는 않지만, 꼭 한 번은 경험해야 될 과정으로 적극 권면하고 있다. 게다가 몇몇 교단에서는 안수과 정에 필수항목으로 지정하고 있어, 학교를 졸업하고 나서 CPE를 참여하는 경우도 많다. 그만큼 미국에서는 목회임상훈련을 중요하게 생각하고 있다.

또한 이를 뒷받침하듯이 거의 모든 큰 병원들은 CPE 프로그램을 갖추고 있다. 어떤 병원은 봄, 여름, 가을, 겨울마다 풀타임으로 참여할 수 있는 인텐시브 (intensive) 코스가 열려져 있고, 익스텐드 과정(extended unit)이 있어 파트타임으로 참여하는 코스도 있다. 풀타임은 월요일부터 금요일까지 매일 8시 30분부터 5 시까지 일하게 된다.

이는 11주 과정으로 거의 석 달을 병원에서 지내게 되는 것이다. 그 외에 일주일에 한 번은 온콜(on-call)이 있어서 병원에서 대기하고 있거나, 집에 와서도 비퍼(beeper)를 꼭 곁에 두고 있어야 한다.

CPE를 통해서 얻을 수 있는 중요한 두 가지는, 자아의 성장과 환자를 돌보는 기술이다. 많은 병원의 영성부(Spiritual Care Department)의 수퍼바이저들은

ACPE(Association for Clinical Pastoral Education)의 공통적인 규정을 따르고 있다. 가령, 매 프로그램은 6-7명의 학생 혹은 목회자로 구성이 되는데, 남녀의 비율과 종교와 인종의 다양성을 고려하여 팀을 구성한다. 초기 두 주간은 환자 방문을 준비하기 위한 오리엔테이션을 한다. 병원에 대한 소개와 규칙, 주의사항을 알려 준다.

매주 자기보고서를 작성해야 하고, 환자 방문시의 대화와 느낌을 기록한 4번의 버베이텀(Verbatim) 작성과 발표, 자신의 목회상담적 신학 발표, 중간 평가, 기말 평가를 위한 준비, 수퍼비전 등이 있다. 이렇듯 환자 방문뿐 아니라, 여러 가지 과외 활동이 많다. 6명의 팀원들과 석 달 동안 이러한 과정을 매일 함께하다 보면, 서로가 가까워지기도 하고, 멀어지기도 하고, 싸우기도 하고, 편이 갈리기도 한다. 하지만 이 또한 하나의 배움의 일환으로 생각한다.

환자 방문은 호스피스의 경우, 일주일에 20명 정도를 돌봐야 하며, 병원의 경우는 40명 정도의 환자를 봐야 한다. 호스피스는 집을 방문하는 특성상 1-2시간 정도 머무르게 되며, 병원의 경우는 한 환자 당 15-30분, 길게는 한 시간 정도의 방문이 이루어지게 된다. 방문 후에는 병원 컴퓨터 시스템에 접속하여 환자를 방문한 기록과 특별사항 등을 기록해야 한다. 환자 방문 전에 방문할 환자의 상태를 파악하기 위해 미리 시스템에 접속하기도 한다.

이렇듯 CPE는 그룹 활동과 환자 방문을 통해서 자신을 돌아볼 수 있는 계기를 줄 뿐 아니라 환자와의 대화와 상담을 통해 다양한 삶을 경험하게 한다. 또한 가장 힘든 시기를 겪는 환자와 가족에게 이야기를 들어주는 상담가로 곁에 있어서 힘이 되는 영적인 존재, 기도와 말씀으로 힘을 주는 목회자로서의 역할을 배우게 된다.

영적인
돌봄

                     목회상담 분야뿐 아니라 심리학 계열의 상담에서도 영적케어에 대한 관심이 높다. 종교와 영성에 대한 이러한 심리학계의 활발한 연구에, 미국 내 목회상담학계가 살짝 긴장하고 있는 듯하다. 그도 그럴 것이 그동안 목회상담학에서는 간이 학문(Interdisciplinary Study)으로서 심리학계의 이론과 기법들을 많이 사용했다. 그뿐 아니라 목회상담이 심리학 분야에 너무 의존한다는 비판도 적잖이 있었다. 그런데 이제 심리학 쪽에서 오히려 신학 분야에 속한 영성 연구를 통해 영적케어를 상담과정의 한 분야로 자리잡으려고 하니, 목회상담학계에서는 자신들의 분야를 넘보는 듯한 마음에 경계를 하는 듯하다.

    최근 클레어몬트신학대학원은 목회상담(Pastoral Care and Counseling) 전공을 영적상담(Spiritual Care and Counseling)으로 이름을 바꿨다. 그

배경에는 '목회상담'이라는 이름이 갖는 현장과 범위의 한계성을 좀 더 포괄적이며 통합적인 관점으로 바라보려는 의도가 있다고 본다. 게다가 목회상담 전공 안에는 심리치료(Psychotherapy), 병원임상교육(Clinical Pastoral Education), 병원임상교육 수퍼바이저(ACPE Supervisor)가 되기 위한 트랙, 이렇게 세 가지가 있다. 이중 병원임상교육 트랙은 이름을 Clinical Spiritual Care로 바꾸고, 그 범위를 병원뿐 아니라 교도소와 다양한 사회복지시설에서의 인턴십까지 확장하였다.

병원의 환자들이나 시설에 머물고 있는 사람들은 다양한 종교를 가지고 있다. 어떤 이들에게는 목회적 돌봄이 간절히 필요하겠지만, 다른 이들에게는 영적인 차원에서의 돌봄 또한 필요하다. 내가 경험한 병원에서의 사역은 영적인 돌봄이 더 많이 요구되는 현장이었다. 병원에서는 다른 종교의 환자들에게 의도적으로 복음을 전하는 행동이 엄격히 금지되어 있다. 또한 기도하거나 성경말씀을 읽어 줄 때도 먼저 환자에게 동의를 구해야 한다. 특별히 내가 인턴십을 하던 병원은 중국인들이 많이 거주하는 지역으로 불교인 환자들이 많았다. 이들은 채플린의 방문을 아예 거부하는 경우도 있지만, 사실 채플린의 도움을 받을 때도 많다.

온콜이 있던 어느 날 새벽, 병원에서 전화가 왔다. 서둘러 병원에 가서 간호사의 설명을 들어보니, 돌아가신 지 2시간 정도 지난 중국인 환자를 시신실로 옮겨야 되는데, 가족이 시신을 옮기지 못하게 한다는 것이다. 나는 환자의 방에서 가족을 만났다. 서너 명의 가족들 곁에 세 명의 비구니가 함께 있었다. 가족의 이야기를 들어보니 그들의 사정이 이해가 됐다. 그들은 불교의 전통에 따라 돌아가신 분의 마지막 의례를 그 방에서 드려야 된다는 것이다. 그들은 돌아가신 분의 영은 그분의 침대에 깃들어 있으며, 의례는 5시간 정도 진행해야 한다고 했다.

잠시 생각한 후에 그들의 믿음도 지켜주고 간호사의 요구도 들어줄 수 있는 한 가지 아이디어가 떠올랐다. 돌아가신 분의 침대에 그의 영혼이 깃들어 있다고 믿는다면, 환자의 침대를 그대로 옮기면 되겠다는 생각이 들었다. 그래서 가족에게 침대를 그대로 뷰잉룸(Viewing Room)으로 옮기고 거기서 의례를 드리라고 했다.

그리고 비구니들에게 5시간은 시신이 부패해지기 쉬우니, 의례를 2-3시간으로 줄이면 어떻겠냐고 물었다. 이에 모두 동의했고, 곧 환자운반부서(Transportation Service)에 전화하여 그렇게 하도록 하였다. 돌아가신 분을 침대에 누인 채 앞서 운구하고, 이어 비구니들이 염불을 외우며 가족이 뒤따르는 모습이 왠지 친숙하게 느껴졌다. 목사와 가족, 교인이 찬송을 부르며 뒤따르는 기독교 장례의 운구 행렬과 비슷해서였을 것이다.

영적인 돌봄은 비단 다른 종교의 환자를 만날 때만 적용되는 것은 아니다. 영적인 돌봄이라는 것은 보다 폭넓은 의미로 사용되어질 수 있다. 가령 목사에게 있어서 병원 심방은 쉬울 수 있고 어려울 수도 있다. 단순히 예배적인 형식을 가지고 환자를 심방한다면 그렇게 어려운 일이 아니다. 하지만 환자가 느끼는 감정을 이해하고, 환자와 가족이 원하는 것이 무엇인지 알고, 환자의 사정에 따라 알맞은 심방을 해야 한다면 그보다 더 어려운 일이 없을 것이다. 즉, 병원심방은 예배의 연장이 아닌 환자를 위한 총체적인 영적인 돌봄으로 이해해야 한다.

몇 해 전, 클레어몬트신학대학원에 다니는 전도사님이 갑자기 혈액암 진단을 받고 병원에 입원하게 되었다. 소식을 듣고 늦은 밤에 대여섯 분들과 함께 문병을 갔다. 다들 목사인데, 어떻게 환자와 대화를 나눠야 할지 모르는 채 긴 침묵이 이어졌다. 그 중에 가장 나이 많은 목사님이 전도사님과 몇 마디 대화를 나누더니 곧바로 기도하자고 했다. 그때 내가 느낀 것은 그 기도가 환자의 마음을 제대로 만져주지 못한다는 것이다.

나는 혈액암 진단을 받고 병원에 누워 계시는 전도사님이 어떤 마음의 고통을 느낄지 생각해 보았다. 그리고 기도가 끝난 후, 그의 가족, 특히 자녀에 대한 이야기를 꺼냈다. 이에 전도사님은 갑자기 눈물을 보이며, 대학 재학 중인 두 자녀에 대한 걱정과 염려를 털어놓았고, 마음을 연 긴 대화가 지속되었다.

병원상담 인턴십(CPE)을 하면서 배운 것 중 하나는 영어 표현으로 '방 안에 있는 코끼리(Elephant in the room)'를 찾으라는 것이다. 이것은 환자의 방안을 무겁게 누르고 있는 어떤 이슈를 발견하라는 것인데,

그것은 표현되지 않고 있거나 이야기 되어지기를 꺼리는 주제를 말한다. 경험이 많은 목사나 상담가는 몇 마디 대화 속에서 그 주제를 끌어내어 환자와 가족이 겪는 마음의 고통이나 상처를 어루만져준다. 그것은 병원이라는 공간의 특수성, 환자와 가족이 느끼는 보편적인 감정들, 또한 환자와 가족의 특수한 상황을 이해하는 데에서 오는 것이다.

나는 병원에서 드려지는 예배에 대해 환자의 가족이 어떻게 생각하는지 인터뷰한 적이 있다. 그 결과, 병원에서 드리는 예배 형식의 심방이 그리 많은 도움이 되지 않는다는 것을 발견하였다. 병원 심방이 그저 예배만 드리면 된다는 생각으로 무조건 기도하고, 찬송하고, 말씀을 전하고 '할 일을 다했다'고 생각하며 병원 문을 나온다면, 환자와 가족의 마음을 만져주지 못한 형식적인 방문이 될 것이다. 또한 어떤 환자 가족은 말하기를, 가장 힘들었던 것 중 하나가 교인들이 시도때도 없이 병실에 들어와서 예배하자고 하는 것이라고 한다. 보호자들도 쉬고 싶고, 환자는 투병으로 인해 지치고 힘든 모습을 보이고 싶지 않을 때도 있는데 말이다. 더욱이 방문자들에게 똑같은 말을 일일이 반복하는 일도 지치게 한다는 것이다.

그래서 특히 환자가 중한 병에 걸려 오랜 기간 입원하고 있을 때는 환자와 가족을 위한 코디네이터가 필요하다. 가까운 친구나 교우 중에서 환자의 건강 상태를 잘 알고 있으면서, 환자와 가족에게 필요한 것이 무엇인지 파악하고, 환자 방문을 위한 스케줄을 조정해 줄 수 있는 사람이 필요하다. 이 코디네이터에게 연락하면 필요한 도움이 무엇인지 알아내어 실제적인 도움을 줄 수 있을 뿐 아니라 언제 방문하는 것이 좋을지 알 수 있다.

또한 전화 통화나 방문 시 도움을 주고 싶을 때 '필요한 일이 있으면 언제든지 연락주세요'라고 말하는 것보다, 필요하다고 생각되는 것을 즉각적으로 도움을 주는 것이 좋다. 가령 보호자나 다른 가족의 식사를 챙겨주는 일, 환자의 어린 자녀를 돌봐주는 일 등은 일반적으로 필요한 것이다. 또한 보호자가 필요한 물건을 챙기기 위해 집에 다녀와야 하거나, 일 처리를 위해 환자 곁에서 떨어져 있어야 할 때 몇 시간 동안 환자 곁에 있어 주는 일도 필요하다.

다른 인터뷰 결과를 보면, 목사님의 방문 중에 가장 인상 깊었던 것은, 환자의 손을 잡고 짧게 기도한다거나 카드에 힘이 되는 성경구절을 써서 주거나, 기타를 준비해서 감동적인 찬양을 불러준 일 등을 꼽을 수 있다. 또한 많은 환자 가족이 병원에서의 설교는 불필요하다고 느낀다. 어떤 환자 가족이 말하길, 목사님이 심방 와서 복수가 찬 환자의 배에 손을 얹고 기도하는데, '배 안에 있는 마귀야 물러가라'고 했다며 실망감을 표출하기도 했다.

생각해 보면, 사실 많은 목사님이 병원 심방에 대한 교육을 제대로 받은 적이 없는 것이 현실이다. 뿐만 아니라 죽어가는 환자를 위한 돌봄, 장례와 추모를 위한 영적인 돌봄은 그저 예식에만 의존할 뿐, 구체적으로 어떻게 환자와 가족을 대해야 하는지 모르는 경우가 많다. 물론 경험으로 알 수도 있다. 하지만 그 경험을 더 깊이 있게 만들기 위해서는 이에 대한 교육이 필요하다. 또한 잘못된 경험의 반복이 굳어진 채 자기 확신만 가지고 목회적/영적 돌봄을 한다면, 자신도 모르게 슬픔을 당한 사람에게 상처를 줄 수도 있다.

이렇듯 환자를 위한 영적인 돌봄에 대한 배움이 없었기에 예배, 찬송, 기도, 설교 등 목사들이 가장 친숙한 방법에 의존할 수밖에 없다. 물론 예배(예식)의 중요성을 간과하는 것은 아니다. 무엇보다 질병과 고통, 상실과 슬픔을 경험하고 있는 사람들의 마음을 헤아려 줄 수 있는 목회자의 진실한 마음이 중요하다. 그러한 마음이 기타를 들고 와서 찬양하고 떠난 자리에 남겨진 깊은 위로와 감동의 비결일 것이다. 그러한 마음의 헤아림이 없는 습관적, 형식적인 방법으로서의 목회적 돌봄은 생사의 갈림길에서 사투를 벌이는 환자와 가족, 사랑하는 가족을 잃고 슬픔에 잠긴 이들에게 그저 형식적인 인사치레인 '와주셔서 감사하다'는 말만 들어도 다행일 것이다.

말기암 진단을 받은 친구와
가족을 돕는 방법

캐시 피터슨(Cathy Peterson)은 말기암 진단을 받은 남편의 치료와 죽음의 과정을 통해 느낀 것을 책으로 기록하였다. 그녀는 말기암 환자에게 필요한 것은 진심에서 우러난 격려의 메시지라고 말한다. 그러면서 몇 가지 조언을 해준다. 여기 그 책의 일부를 인용한다.

우편함에 들어있는 격려의 카드는 마치 마라톤에서 달리기 하는 선수들에게 필요한 물통과도 같다. 어려운 시련을 이겨내기 위한 메시지가 담긴 카드, 믿음과 확신을 심어주는 카드, 또는 좋은 성경구절이 담긴 카드를 보내는 것이 좋다. 가끔은 웃음을 자아내게 하는 카드도 좋다. 겨울철이 아닌 때에 크리스마스 카드를 보내면서 이렇게 글을 써 볼 수도 있다.
'아무래도 매번 똑같은 카드를 받는 것이 좀 지루할 것 같아 성탄카드를 보낸다.'
이러한 카드는 받는 사람과 가족 모두에게 웃음과 활기를 더해 줄 수 있다.
우리는 이 사실을 기억해야 한다. 많은 경우 암 진단을 받은 사람들은 자신이 곧바로 아프다고 느끼지 않는다고 한다. 그래서 이 시기에 회복을 소원하는 카드는 어울리지 않는다. 또한 예후가 아주 좋지 못한 상황에 있는 환자에게 회복을 소원하는 카드는 보내지 않는 것이 좋다.

전화는 가능한 짧게 하라. 그리고 늘 듣는 자세를 가져라. 처음에는 가족도 의학적인 정보에 대해 잘 모르기 때문에 다른 사람에게 이야기해 줄 만한 자세한 내용이 별로 없을 것이다. 그들은 이제 막 처음 걷는 길을 여행하기 시작했다. 그들은 이러한 불확실한 여행 길에 두려움을 느끼고 있다.

제발 당신이 아는 누군가에게 일어났던 좋지 않은 경험은 이야기하지 마라. 이런 격언이 있다. '아무런 좋은 말도 해줄 수 없다면 아무 말도 하지 마라.' 병원에 대해서 마치 잘 아는 것처럼 부정적인 말을 주절거리는 '병원 촉새'가 되지 마라. 솔직히 말해, 만일 당신이 사랑하는 사람 주변에 이런 주책없는 사람이 있다면, 정중히 말해서 병원에 방문하지 못하도록 하라.

진심어린 마음이 아니라면 전화하지 말라. 이상하게 들릴지 모르지만, 이는 마치 차를 운전하다가 사고가 난 광경을 구경하기 위해 서행 운전하는 것과 같다. 어떤 사람은 이러한 이유에서 전화를 하기도 한다. 이런 종류의 전화를 받게 되면 금새 왜 전화했는지 알아차리게 된다. 그리고는 뭔가 이용당한 듯한 기분이 들게 된다.

전화할 때 필요한 일이 있으면 도와주겠다는 말은 하지 마라. 대신에 도움을 주기 위한 실제적인 계획을 하라. 집 앞 잔디를 깎아줘도 되겠냐고 묻는 대신에, '이번 주 금요일 저녁에 너의 집에 잔디 깎아주러 갈게'라고 말하는 편이 낫다. 혹은 시간이 될 때 몰래 잔디를 깎아주고 와도 좋다. 만일 당신이 그런 똑같은 상황에 처해 있다고 생각해 본다면 무엇이 필요할 것인지에 대해 당신의 상식적인 감각이 잘 인도해 줄 것이다. 그저 당신의 마음을 따르라. 그리고 행동에 옮기라.

- Peterson, Cathy. *Call Me If You Need Anything…and Other Things NOT to Say: A Guide to Helping Others through Tragedy and Grief*. Atlanta: Chalice Press, 2005.

존엄하게
죽을 권리

몇 년 전에 섬기던 교회에 80세 가까운 권사님이 뭔가를 들고 왔다. 사전의료지향서(Health Advanced Directi-ves)였다. 내가 병원에서 채플린으로 일했던 것을 알고 계신 권사님은 본인의 사전의료의향서 작성을 도와달라고 하시며, 증인이 되어 주기를 원하셨다. 비교적 건강하신 권사님이셨지만 유언장도 미리 써 놓으실 정도로 죽음을 잘 준비하는 분이었다.

나는 영어로 된 내용을 하나씩 번역하여 읽어주며 본인의 의사를 하나하나 확인하였고, 마지막 장에 내 이름과 주소를 기록하고 사인하여 권사님의 사전의료의향서에 증인이 되어 드렸다.

병원에서 채플린의 역할 중에 하나는 사전의료의향서에 증인이 되는 것이다. 증인은 반드시 직계가족이 아닌 2명의 제 삼자가 있어야 하는데, 병원의 다른 의료진은 법적으로 증인이 될 수 없다. 오직 채플린만이 그 역할을 할 수 있기에, 종종 증인이 되어 달라는 요청을 받을 때가 있다.

사전의료의향서에는 2개의 중요한 부분이 있다. 하나는 대리결정권자(Power of Attorney)를 지정하는 것과, 본인이 의식을 잃고 더 이상 치료가 생명을 연장하는 데 효과가 없다고 판단될 경우, 어떤 조치를 취할지에 대한 본인의 의사를 표명하는 부분이다. 환자들은 중대한 수술을 앞두고 있을 때 작성하거나, 병세가 악화되어 갈 때 가족과 의논하여 작성하기도 한다.

몇 번 기도해 주기 위해 방문했던 한 흑인 환자가 있었다. 그 환자가 내게 사전의료의향서를 작성하고 싶다고 했다. 나는 이 환자에게 하나하나 설명해 주며 사전의료의향서 작성을 도와주었다. 그의 딸에게 전화하여 대리결정권자로 세우고, 드디어 연명 치료에 대한 본인의 의사를 결정하는 부분에 이르렀다. 환자는 어떻게 할지 진지하게 고민하고 몇 번을 망설이다가 결국 사전의료지향서 작성을 포기하였다. 오랫동안 생각해 오지 않았다면 쉽게 작성하기 힘든 부분이다.

하지만 대부분의 환자는 더 이상 치료가 생명 연장에 도움이 안 된다고 생각할 때 치료 중단이나 호흡기 제거에 동의하는 경우가 많다. 또한 심폐소생술을 하지 말아 달라고 하는 경우도 많다. 이렇게 심폐소생술을 거부하는 환자들의 차트에는 DNR(Do Not Resuscitate) 라벨이 붙게 되며, 호흡에 이상이 생겨도 코드블루(긴박한 상황에서 심폐소생이 필요한 경우 부르는 코드)를 부르지 않는다. 즉, 그냥 편안히 죽게 내버려 달라는 의미이다. 이것은 환자가 선택할 수 있는 존엄하게 죽을 권리이기도 하다. 영화에서나 볼 수 있는 병원에서의 심폐소생술은 실제로 보면 더 심각한 상황임을 알게 된다.

병원에서 스피커를 통해 종종 듣게 되는 방송 중 하나는 '코드블루'이다. 가령 'Code Blue. Emergency room. Code Blue. Emergency room'이라는 내용으로 방송이 들리면, 채플린은 환자가 있는 응급실로 달려간다.

온콜을 하고 있던 어느 날, 코드블루가 방송되었다. 나는 얼른 중환자실로 달려갔다. 중환자실에 들어서니 이미 상황은 다급하게 진행되고 있었다. 반쯤 열려진 커튼 사이로 보인 장면은 내게 충격적이었다. 10여 명의 의료진이 환자를 둘러싸고 심폐소생술을 하고 있었다. 환자는 100Kg도 더 나갈 것 같은 흑인 여성이었다. 전기충격이 가해질 때마다 환자의 몸은 펄쩍 뛰고, 환자의 가운은 다 벗겨져 거의 온몸이 다 들여다보일 듯했다.

의료진은 환자에게 매달려 각자의 역할을 하며, 환자의 숨이 돌아오게 하기 위해 애쓰고 있고, 환자의 딸들은 커튼 너머에서 이 광경을 눈물 흘리며 가만히 지켜보고 있었다. 나는 환자의 가족과 또 다른 사람들이 보지 못하도록 커튼을 닫아주었다. 그리고 20대 정도로 보이는 환자의 두 딸과 함께 어머니를 위해 기도하자고 했다. 그들에게 지금 어떤 기도를 하면 좋겠냐고 물었고, 그들은 눈물을 글썽이며 어찌할 바를 모르고 있었다. 나는 그들의 손을 잡고 이 순간 하나님께서 함께 해주시기를 기도했다. 기도가 끝날 무렵 담당 의사가 우리에게 왔고, 환자의 사망 소식을 전해 주었다. 사실 DNR 서류를 가지고 있었다면, 그렇게까지 환자를 힘들게 할 필요가 없었을 텐데라는 생각이 들었다.

나는 인간의 존엄하게 죽을 권리(Right to die with dignity)를 전적으로 지지한다. 이 권리가 지켜지기 위해서는 먼저 자신의 죽음에 대해 미리 생각해 보아야 한다. 본인의 의식이 분명히 살아있을 때, 내가 어떻게 죽고 싶은지에 대해서 자신의 입장을 표명해야 한다. 이것을 도와줄 수 있는 것은, 유언장이나 리빙윌(Living Will)을 작성하는 것이고, 병원에서 인정하는 사전의료의향서도 도움이 된다. 우리나라에서는 사전의료지향서실천모임[10]이라는 단체가 있어 실제적인 도움을 주고 있다.

우리나라에서 존엄사에 대한 논의가 시작된 것은 2009년 법원이 처음으로 존엄사를 인정하면서이다. 이것은 '김 할머니 사건'으로 유명하며, 당시 식물인간 상태에 빠진 할머니의 호흡기를 제거할 것이냐가 쟁점이 되었다. 가족은 김 할머니의 평소 뜻에 따라 인공호흡기 제거와 무의미한 치료 중단을 요구했지만 병원이 이를 거부하면서 소송으로 번지게 된 것이다. 하지만 대법원에서는 김 할머니의 존엄사를 인정하였다. 당시 김 할머니는 사전의료의향서를 작성하지는 않았지만,

평소에 품위 있는 죽음을 원했던 할머니의 뜻이 받아들여진 것이고, 이후 사전의료의향서 작성에 대한 법제화 논의가 계속되었다.

사전의료의향서가 법제화되는 데 어려운 점 중에 하나는 종교계의 반발이라고 한다. 즉 하나님이 주신 살아있는 생명을 인간의 결정으로 끊을 수 없다는 주장이기도 하다. 이는 존엄사와 안락사에 대한 개념을 제대로 인식하지 못하는 데서 발생한 오해라고 생각한다. 존엄사는 소생이나 생명 연장의 가능성이 전혀 없는 상태에서 무의미한 치료를 중단하거나 인공호흡기를 떼어, 환자가 더 고통스러운 죽음의 과정을 겪지 않도록 돕는 것이다. 반면 안락사는 생명 연장의 가능성과는 무관하게 의학적 조치나 음식물 투여를 중단하거나 인위적인 생명 연장 장치를 제거하는 소극적 안락사와, 약물 투여로 직접적으로 사망에 이르게 하는 적극적 안락사가 있다.

세계적으로는 벨기에, 네덜란드, 스위스가 안락사를 법적으로 허용한 국가이다. 최근 벨기에는 미성년자의 안락사를 허용하는 법안이 통과하여 논란이 되고 있다. 특별히 종교계는 이와 같은 법안이 승인되고 나면, 장애인, 치매 환자, 정신질환자, 루게릭 환자, 우울증 환자 등에게 악용될 수 있다며 반발하고 나서고 있다.

2013년 10월 3일, '라이프사이트뉴스(LifeSiteNews)'에 놀랄 만한 기사가 떴다. 그것은 세계적으로 유명한 신학자인 한스 큉(Hans Kung)이 자신의 삶을 자살로 마감하고 싶다는 기사였다.

현재 85세인 한스 큉은 파킨슨씨병이 있는 데다가 황반병성(macular degeneration)으로 인해 시력을 잃고 있다고 한다. 이 기사에서 그는 '나는 내 자신의 그림자로서(as a shadow of myself) 삶을 지속하고 싶지 않고, 또한 양로병원에서 삶을 마감하고 싶지도 않다'고 했다. 그는 스위스에 있는 안락사 도움 단체인 〈Dignitas〉의 도움으로 생을 마감하고 싶다고 밝혀 충격을 주고 있다. 세계적인 신학자인 그의 이러한 결정은 분명 안락사에 대한 신학계의 논쟁에 불을 지피게 될 것이 분명하다.

안락사와 관련해서 보다 구체적인 논의가 필요하다. 하지만 나는 이러한 소극적, 적극적인 안락사가 인간에게 주어진 존엄하게 죽을 권리라고 생각하지 않는다. 우리는 인생을 살아가면서 많은 것을 배운다. 우리에게 처해진 고난과 고통의 삶을 통해 우리는 삶의 목적이나 가치, 사랑과 행복, 감사와 소망에 대해 배운다. 마찬가지로 죽음과 죽어감 또한 우리에게는 배움의 장이다. 그래서 엘리자베스 퀴블러 로스는 '죽음은 성장의 마지막 단계'라고 이야기하였다.

죽음은 죽어가는 환자뿐 아니라 그를 돌보는 가족에게도 전혀 생각지 못한 삶의 귀한 가치와 의미를 가르쳐 주기도 한다. 그렇게 함께 겪어 나아가며 배워야 할 시간을 '이만하면 됐다'는 본인의 판단으로 쉽게 택한다면, 이는 하나님께서 부여하신 생명의 원리에 위배되는 행위라고 본다.

인간은 누구나 존엄하게 살 권리가 있다. 또한 존엄하게 죽을 권리가 있다. 그것은 아무리 죽어가는 환자라도 인격적인 대우를 받아야 한다는 아주 기본적인 권리뿐 아니라, 말기환자가 연명 치료를 받지 않고 호스피스에서 생을 마감하기로 결정할 수 있는 권리이다. 심폐소생술로 평안히 죽어갈 권리를 침해받지 않겠다는 것이며, 뇌와 심장의 기능이 이미 멈춘 상태에서 숨만 붙어 있도록 만드는 인위적인 장치를 거부할 권리이다. 물론 이와 반대의 결정도 할 수 있다. 누군가 이러한 결정을 한다면, 이도 분명 존중해 주어야 할 것이다.

이러한 모든 결정들이 존중받으려면, 살아있는 동안에 본인의 의사를 분명히 명시해야 한다. 생의 마지막 단계에 이르렀을 때 나는 어떻게 죽어가고 싶은가? 미리 생각해 보고 사전의료의향서를 적성해 보는 것도 좋을 것이다.

사전의료의향서(事前醫療意向書)

나(이름 : _____)는 맑은 정신을 가진 성인으로서 나 스스로의 뜻에 따라 이 사전의료의향서를 작성합니다. 나의 건강이 회복 불가능한 상태가 되어 치료에 대한 나의 의견을 제시할 수 없게 되면, 담당 의료진과 가족들이 이 사전의료의향서에 기록된 나의 뜻을 존중해 주기 바랍니다. 나는 언제라도 이 사전의료의향서를 변경하거나 철회할 수 있음을 알고 있습니다.

I. 무의미한 연명치료의 거절(중지) 지시 (복수 선택 가능)

나의 건강이 회복 불가능한 상태에서 생명유지장치를 사용한 연명치료가 신체적·정신적 고통만 증가시키며 죽음의 과정을 무의미하게 연장한다면 다음(II) 항목에서 선택한 시기에 아래와 같이 원합니다.

구 분	설 명	원합니다	원하지 않습니다
생명유지 장치	생명유지장치의 사용		
	〈생명유지장치 예시〉 **심폐소생술 시행** : 심장과 폐가 멈추었을 때 가슴을 눌러 피를 몸으로 보내고 공기를 불어넣는 방법입니다. **강심제·승압제 투여** : 심장의 박동 기능을 회복하는 약물, 혈압을 올리는 약물을 투여하는 방법입니다. **제세동기 적용** : 전기자극을 이용하여 불규칙한 심장 박동을 치료하는 방법입니다. **인공호흡기 적용** : 기도에 관을 넣어 인공적으로 호흡할 수 있도록 도와주는 방법입니다.		
통증조절 조치	신체적·정신적 고통을 줄이는 의학적 조치		
인위적인 영양공급	위나 장으로 삽입한 튜브나 혈관을 통한 영양 공급		

다만 위의 경우에도 별도 요청이 없는 한 체온 유지, 욕창 예방, 배변·배뇨 도움, 수분·영양 공급과 같은 청결하고 편안하게 지낼 수 있는 조치는 원합니다.

II. 적용 시기 선택 (복수 선택 가능)

나의 건강이 다음과 같은 상태에 이르면 위(I) 항목의 선택에 따라 실행하여 주기 바랍니다.

구 분	설 명	시기 선택
뇌기능의 심각한 장애	호흡과 체온 유지 등을 담당하는 뇌의 기능에 심각한 장애가 있으며, 그 회복이 불가능하고, 단기간 내에 죽음을 맞이할 가능성이 높은 것으로 의료진이 판단한 경우	
질병 말기	질병의 말기 상태로 건강 회복이 불가능하고, 단기간 내에 죽음을 맞이할 가능성이 높은 것으로 의료진이 판단한 경우	
노화(老化)로 인한 죽음 임박	특정 질병 없이 노화로 몸의 모든 장기와 조직이 기능을 다하여 단기간 내에 죽음을 맞이할 가능성이 높은 것으로 의료진이 판단한 경우	

138

III. 작성자의 서명

작성자	성 명 :	서명/인	주민등록번호 :	–	
	전 화 :				
	주 소 :				
증 인	성 명 :	서명/인	생년월일 :	년	월 일
	성 별 : □ 남　　□ 여		전 화 :		
	주 소 :				
작성일시	년　　　　월　　　　일　　　　시　　　　분				

IV. 선택 항목 (이 항목은 원하는 경우에만 기입하십시오)

1. 대리인 지정

나는 스스로 치료 결정을 할 수 없는 때를 대비하여 나의 평소 가치관과 인생관을 충분히 이해하고 있는 아래의 사람을 선(先)순위 대리인으로 지정하고 치료 결정의 모든 권한을 위임합니다.

선(先) 대리인	성 명 :	성 별 : □ 남　　□ 여
	관 계 :	전 화 :

만약 선(先)순위 대리인이 의사결정을 내릴 수 없다면, 나의 치료 결정의 모든 권한을 아래의 후(後)순위 대리인에게 위임합니다.

후(後) 대리인	성 명 :	성 별 : □ 남　　□ 여
	관 계 :	전 화 :

2. 사본의 보관

이 사전의료의향서의 원본은 본인이 보관하며, 사본은 다음 장소에서 보관합니다.

□	보건복지부 지정 연세대학교 생명윤리정책연구센터	주소 : (120-752) 서울시 서대문구 연세로 50 연세의료원 종합관 334호
		전화 : 02-2228-2670 · 2672　　　홈페이지 : 사전의료의향서.kr

※ 사본 보관을 원하는 경우 **위 왼쪽의 네모 칸에 표시한 후** 사본을 동봉하여 위 오른쪽의 주소로 보내주십시오.
※ 사본을 보관하는 경우 **사본 보관 확인증**을 보내드립니다.

PART
5

죽음과 사회

신앙공동체에 속한 우리들은 높이 솟은 교회당 십자가 아래
아파하는 이웃을 돌아볼 수 있어야 한다.
예수가 보여준 낮은 자의 모습으로 이웃을 섬겨야 한다.
이웃의 아픔을 들어주고 함께하는 역할을 해야 한다.

Do not be afraid of crying

죽음과
사회

　　　　　　　　　한국에서는 일 년 평균 26만 명이 각
종 질병과 사고로 생명을 잃는다. 이를 하루로 계산하면 매일 700여
명이 죽는다는 것이다. 2013년 통계청의 자료에 따르면, 이중 88%는
암을 비롯한 각종 질병이 사망이고, 나머지 12%는 자동차 관련 사고
를 비롯하여 화재, 추락, 익사, 자살로 인한 사망으로 통계되었다. 우리
가 뉴스로 접하는 대부분의 죽음 관련 기사는 바로 이 12%에 해당하
는 사고인데, 사실 그 중에 1% 정도의 내용만 뉴스로 접할 뿐이다.

　2014년 2월, 10명의 젊은 생명을 앗아간 경주 마우나오션리조트 붕
괴사고는 많은 사람들로 하여금 안타까운 심정으로 애도하게 하였고,
다시금 한국 사회의 안전불감증에 대한 담론을 확산케 하였다. 뿐만
아니라, 이러한 사고는 사람들에게 또다시 붕괴사고라고 하는 악몽을
되새기게 하여 우리가 사는 지대가 안전한 곳인지 의심과 더불어 불안

하게 하기에 사람들의 관심이 더욱 집중되었다.

한국 사회는 1970년의 와우아파트 붕괴사고를 시작으로 몇 년에 한 번씩 시민들을 경악하게 할 큰 사고들이 끊이지 않는다. 1971년 크리스마스 날 166명의 사망자를 낸 대연각호텔 화재 사고, 1977년 59명의 사망자와 1,158명의 부상자를 낸 이리역 폭발사고, 1981년 경산열차 추돌사고(55명 사망), 1993년 구포무궁화호 전복사고(77명 사망), 또한 아직도 많은 사람들이 생생히 기억하고 있을 성수대교 붕괴사고(1994년, 37명 사망)와 삼풍백화점 붕괴사고(1995년, 501명 사망)는 대표적인 대형 참사의 예이다.

성수대교 붕괴로 딸을 잃은 한 아버지는 5년 뒤, 딸을 그리워하다 결국 성수대교 북단에 건립된 성수대교 희생영령위령비 앞에서 독극물을 마시고 스스로 목숨을 끊어 더욱 주위를 안타깝게 하기도 했다. 1997년 대한항공기의 추락사고는 승객 229명의 생명을 앗아갔고, 1999년 씨랜드 청소년수련원 사고로 19명의 유치원생들과 4명의 인솔 교사들이 타오르는 불길 속에서 생명을 잃었다. 2003년 대구 지하철 참사는 192명의 사망자를 냈고, 2008년에는 이천의 냉동창고에서 불이나 40명의 생명이 잿더미로 돌아갔다.

이밖에 많은 대형 참사들이 있었지만 일일이 기록하기 힘들 것이다. 게다가 사고와 관련된 애절한 사연들을 모은다면 한 권의 책으로 출판하기에도 부족할 것이다. 이와 같은 사고를 접할 때마다 많은 시민은 희생자를 애도함과 동시에 이러한 사고가 어디에서 어떻게 일어날지 모른다는 두려움을 느낀다. 이와 더불어 느끼는 감정은 분노의 마음이다. 대부분의 대형 참사 원인을 분석해 보면 안전불감증에서 비롯된 부실공사와 이를 철저히 관리하지 않은 당국의 책임이 있기 때문이다. 또한 사고 이후에 무관심과 무책임한 태도는 희생자 가족에게 더 큰 고통과 슬픔을 안겨준다.

그래서 흔히 이러한 사고는 사고가 아니라 미리 예견된 인재라고 말한다. 규정에 따라 자재를 사용하고, 좀 더 세밀히 관리하고 예방했다면 이러한 사고가 발생하지 않았을 것이라는 말이다. 달리 말하면, 이는 좀 더 이익을 챙기기 위한 기업들과 매수된 관리인들이 만들어 낸 합작품이라고도 할 수 있다. 게다가 책임전가식의 해당 국가기관 행태까지 포함한다면, 이러한 사고는 개개인의 생명을 경시하는 썩어 빠진 사회구조가 만들어 낸 '사회적인 죽음(Social Death)'이라고 말할 수 있다.

사실 사회적 죽음이라는 말은 이와는 조금 다른 의미이다. 흔히 죽음의 종류는 육체적 죽음, 심리적 죽음, 사회적 죽음으로 분류한다. '신체적인 죽음'은 일반적으로 죽음을 말할 때 사용하는 말로 심각한 질병이나 사고로 인해 뇌 기능이나 심장의 기능이 영구적으로 정지된 상태를 말한다. '심리적 죽음'이라 함은 육체적 기능에는 이상이 없지만, 뇌의 손상으로 인해 정신적인 문제가 발생해 정상적인 삶을 살 수 없는 상태를 말한다. 치매/알츠하이머가 그 대표적인 예이다. 사회적인 죽음은 국가, 지역, 학교와 같은 사회공동체로부터 격리되고 고립된 상태를 이야기한다. 미국에서는 주로 인종 차별이나 성소수자의 문제를 이야기할 때 사회적 죽음을 언급한다.

우리나라에서는 주로 '자살'을 이야기할 때 '사회적인 죽음'이라는 말을 많이 사용한다. 수많은 연예인의 자살은 겉으로는 외로움과 우울증의 극단적인 모습으로 비춰지지만, 그 내면에는 메니지먼트사와의 갈등, 여성 연예인의 성 상납, 인터넷상의 악플 등이 직접적인 원인이 되고 있음은 알 만한 사람들은 다 알고 있는 비극적인 현실이다. 즉 연예계의 불합리적인 구조와 익명의 사회집단원들의 비수 같은 말 한마디 한마디가 이들을 극단적인 상황으로 몰아 가게 했다는 것이다.

청소년의 경우도 마찬가지이다. 특별히 청소년은 아직 제대로 된 판단력이 서 있지 않고, 아직 더 넓은 세상을 경험하지 못했을 뿐 아니라 충동적으로 행동하기 쉬운 나이이다. 집단 따돌림이나 성적 비관으로 인한 청소년의 자살은 '학교'라고 하는 작은 집단사회에서의 고립과, 국가라고 하는 거대 집단이 심어준 잘못된 가치판단이 이들을 막다른 길로 몰았다고 볼 수 있을 것이다. 그러니 이들의 죽음 또한 사회적인 죽음이 분명하다.

이를테면 한국 사회는 사람들을 죽음으로 몰아가고 있다. 죽음을 권하는 사회라고 해도 과언이 아닐 것이다. 우리나라의 10대, 20대, 30

대의 주 사망 원인은 자살이다. 40대와 50대에도 자살은 암 다음으로 두 번째의 사망 원인이다.

2014년 3월, 한국 사회는 세 모녀가 동반자살한 사건으로 큰 충격에 빠졌었다. 일찍 아버지를 여읜 두 딸은 신용불량자가 되었고, 큰딸은 당뇨병으로 고생하고 있었지만, 의료비 부담에 치료를 포기한 상태였다. 작은 딸이 아르바이트로 버는 돈과 어머니의 식당 일이 그들의 생계를 유지했던 수단이었다. 하지만 겨울철에 일을 마치고 돌아오던 길에 넘어져 팔을 다친 어머니가 더 이상 일을 할 수 없게 되자, 이들 세 모녀는 그나마 붙잡고 있던 삶의 작은 희망 한 줄기조차 놓고 말았던 것이다.

이들의 죽음을 더욱 안타깝게 하는 것은 그들이 죽음을 선택한 마지막 순간에도 집 주인에게 한 달치 월세를 정성스레 봉투에 넣고 편지를 남긴 바른 심성 때문이다. 뿐만 아니라 이는 대다수의 사람들이 무관심했던 빈곤층의 처절한 삶의 모습이 우리 사회 밖으로 그대로 표출되었기에 더욱 가슴이 아파온다. 그래서 이를 통해 사람들이 자신의 삶을 돌아보며, 오늘 이러한 사회 속에서 나는 어떻게 살아가야 하는가 생각하게 만드는 계기가 되기도 하였다.

대통령도 애도의 뜻을 표하며, '이분들이 기초수급자 신청을 했거나, 관할구청이나 주민센터에서 상황을 알았더라면 정부의 긴급 복지 지원 제도를 통해 여러 지원을 받았을 텐데 그러지 못해 정말 안타깝고 마음이 아프다'고 말했다. 하지만 실상 그들은 이러한 복지 혜택을 받을 수 있는 대상자가 아니었다. 이들이야말로 복지 혜택의 사각지대에 놓인 사람들이었다.

세 모녀가 마지막 길을 떠나면서 쓴 편지의 내용은 이렇다.

"주인아주머니께… 죄송합니다. 마지막 집세와 공과금입니다. 정말 죄송합니다."

왜 이러한 글을 남겼을까? 정말 죽어가면서도 다른 사람에게 폐를 끼치지 않으려는 마음에서였을까? 그렇다면 그들이 어떠한 폐를 끼치는 것일까? 월세를 못 내서? 그럼 차라리 월세를 내지 말고 그 돈으로 한 달을 더 살고, 그 다음에 죄송하다고 해도 되는 것 아닌가?

그럼 뭐가 죄송한 것일까? 자살로 죽음을 맞이할 사람이 과연 차분히 다른 사람을 걱정할 겨를이 있었을까? 아니면 마지막 순간에 누군가에게 이야기하고 싶었는데 들어줄 사람이 없었기에 집주인에게 자살로 죽음을 맞이하게 되어 죄송하다고 한 것일까?

이들의 편지에서 한 가지 생각해 볼 수 있는 것은, 편지의 수신자는 주인아주머니였지만 사실 그들의 심정을 누군가에게 말하고 싶다는 것이다. 이들의 고통스러운 삶의 이야기를 들어주고 아파하고 함께 해 줄 사람이 없었다. 이들에게는 누군가 옆에서 아픔을 이해하고 도와줄 사람이 필요했다.

한국 사회를 뜨겁게 달구는 죽음의 형태는 자살과 각종 대형 사고이다. 왜 유독 이러한 죽음 앞에 한국 사회는 더 들썩이며 애도의 마음이 분개로 이어지는가? 그것은 다름 아닌 이 두 종류의 죽음은 바로 사회구조와 관련이 있기 때문이다. 사람들을 죽음으로 몰아넣고도 여전히 책임을 회피하며 방관하는 국가와 사회, 그리고 교회는 죄송하다고 해야 할 것이다. 특히 신앙공동체에 속한 우리들은 높이 솟은 교회당 십자가 아래 아파하는 이웃을 돌아볼 수 있어야 한다. 예수가 보여준 낮은 자의 모습으로 이웃을 섬겨야 한다. 이웃의 아픔을 들어주고 함께하는 역할을 해야 한다.

사도 바울은 예수의 십자가 외에 자랑할 것이 없다고 했다. 우리는 더 이상 높이 쌓은 성전의 건물과 신도수를 자랑할 것이 아니라, 예수의 삶의 길을 따라서 지역사회의 구석진 곳을 섬기는 일과 한국 사회를 변화시킬 수 있는 능력을 자랑해야 할 것이다. 얼마 전, 가톨릭의 염수정 추기경은 천주교정의구현 사제단을 향해 말했다.

"시국미사가 합리적이지 않으며 이러한 주장을 계속한다면 주변부로 밀려날 것이다."

이에 대해 김인국 신부는 이렇게 말한다.

"예수님을 보라. 예수님도 주변부로 살다 가셨다…우리에겐 세상의 중심이 되려는 집착이 없으며, 대중의 지지를 못 받아도 상관없다. 그것이 십자가 부활의 신비다."

사회의 높은 곳과 결탁되어 제 기능을 하지 못하는 교회가 아니라,

사회의 아래와 주변부에서 아픔을 겪는 이들과 연계된 교회의 역할을 기대해 본다. 이것이 하나의 교회적인 차원에서의 운동(Movement)이 된다면, 사회 속에 만연한 생명 경시 풍조와 죽음을 권하는 천박한 사회구조를 극복할 수 있는 하나의 길이 되리라 믿는다.

슬퍼하는 사람과
동반하기

알렌 울펠(Allan D. Wolfelt) 박사는 상담을 치료(treatment)하는 과정이 아닌 동반(companion)하는 것으로 이해한다. 치료는 진단과 분석을 기반으로 슬픔의 문제를 해결하려는 것이 기본 원리라면, 동반한다는 의미는 슬픔을 겪는 사람 곁에 전적으로 함께 있으면서 마음을 보듬어 주는 역할을 하는 것이다. 그는 '동반하기(companioning)'를 위한 11가지의 원칙을 제시한다.

1. 동반하기는 다른 사람의 고통에 동참하는 것이다. 이는 고통을 없애기 위한 노력이 아니다.

2. 동반하기는 다른 사람의 영혼의 거친 상태에 그대로 들어가는 것이다. 이를 위해 당신이 문제의 해결점을 찾아야 한다는 책임감에서 벗어나야 한다.

3. 동반하기는 영적인 면을 존중한다. 단순히 지식적인 면에 의지하지 않는다.

4. 동반하기는 마음으로 이야기를 듣는 것이다. 이는 머리로 분석하는 것이 아니다.

5. 동반하기는 다른 사람의 힘든 과정에 함께 있으면서 판단을 하거나 방향을

제시해 주는 것이 아니라 증인이 되어 주는 것이다.

6. 동반하기는 앞에서 이끌어주는 것이 아니라 곁에서 함께 걸어주는 것이다.

7. 동반한다는 것의 의미는 매 순간을 말로 채워가는 것이 아니라 침묵의 거룩함을 발견하는 것이다.

8. 동반하기는 앞으로 나아가기 위한 떠들썩한 움직임이 아니라 고요한 상태를 유지하는 것이다.

9. 동반하기는 혼란과 혼동되는 상황을 그대로 존중하는 것이다. 억지로 정돈과 논리를 강요하는 것이 아니다.

10. 동반하기는 다른 사람들로부터 배우는 것이지 다른 사람들을 가르치려고 하는 것이 아니다.

11. 동반하기는 경험적인 기술이나 노하우가 아니라 늘 새로운 마음으로 다른 사람을 대하는 것이다.

- Wolfelt, Alan D. The Handbook for Companioning the Mourner: Eleven Essentail Principles. Fort Collins, CO: Companion Press, 2009.

충격적인
죽음과
슬픔

　2014년 4월 16일, 인천에서 출발하여 제주로 향하던 세월호가 침몰하는 대형사고가 발생하였다. 승객과 승무원 476명 중 172명이 생존하였고, 304명이 사망 실종되었다. 이 중에는 부푼 마음으로 수학여행길에 올랐던 안산 단원고 학생들과 교사 339명이 포함되어 있었다. 사건 초기 뉴스에서는 '단원고등학교 학생 전원 구조'라는 방송이 나와 잠시 안도의 한숨을 쉬게 하였지만, 결국 학생 75명과 교사 2명만이 배에서 탈출하였고, 264명의 학생들과 교사들이 세월호 참사로 희생되었다.

　온 국민은 방송으로 기울어져가는 배를 바라보면서 언제 배 안에 있는 사람들을 구조해 주나 노심초사하며 기다리고 있었다. 정부의 발표와는 달리 초기 구조를 위한 대처는 형편없었고, 구조를 하려는 마음이 도대체 있기나 한 건지 의심스러울 정도로 미미한 사고 대처와 구조 활동은 많은 국민과 실종자 가족의 분노를 사기에 충분했다.

더욱 우리의 마음을 아프게 하는 것은 선실에서 탈출 신호와 구조를 기다리고 있는 아이들의 모습 때문이다. 초기에 나오라고 이야기만 해주었어도, 구조 작업만 제대로 진행되었어도 수많은 생명이 이처럼 바닷속에 잠들지 않았을 텐데 말이다. 구조선과 헬기 소리를 들으며 언제 구조될까 두려움과 공포 속에서 한줄기 희망을 안고 기다리던 아이들, 유리창을 깨고 밖으로 나오려는 그들의 사투는 외면당했고, 그렇게 배는 가라앉았다.

아무것도 해줄 수 없이 침몰하는 배 안에서 서서히 죽어가고 있을 자식들을 생각하며 부모들이 느꼈을 고통과, 절망, 죄책감은 자식을 가진 부모라면 누구나 공감하고 함께 아파하고 눈물 흘렸을 것이다. 많은 국민이 침수된 배 안에서 아이들이 기적처럼 구조되는 장면을 기대하며 매일 매 시간마다 뉴스를 검색하며 밤을 지새웠다.

이렇게 한 주 두 주가 흘렀다. 더 이상 생존자는 없었다. 자신의 생존과 아이들의 죽음에 대한 죄책감을 느낀 단원고 교감은 스스로 목숨을 끊었고, 실종됐던 아이들은 주검으로 돌아왔다. 그리고 가족들은 이제 구조가 아니라 다만 내 아이의 시신이라도 찾아서 돌아가고 싶다는 열망으로 진도 팽목항을 지켰다. 그토록 기도하며 기다리던 기적은 일어나지 않았다. 다만 아이를 잃은 부모들의 통곡과 눈물만이 온 한국 땅을 적셨다.

사건이 진행되면서 밝혀지는 진실은 많은 국민과 희생자 가족들에게 큰 실망감을 안겨주었다. 선실에 '가만히 있으라'는 말을 되풀이하며 먼저 탈출한 선장과 선원들, 책임 회피에 바빴던 정부 관료들, 통제된 언론들이 전하는 거짓 보도, 시신을 찾는 과정에서 보여준 비인간적인 행태들, 선박회사와 인양업체에 대한 의혹들, 밝혀지지 않는 진실, 유가족과 희생자를 비하하는 망언들, 국민의 아픔에 동참하지 않는 정부의 모습 등은 이 억울한 죽음 앞에 애도할 시간도 주지 않고 곧바로 분노로 치닫게 만들었다.

'사고의 책임은 선박회사에게 있지만, 구조의 책임은 정부에게 있다'며 거리로 나온 수많은 아이들과 어른들은 진상 규명과 대통령 퇴진을 외쳤다. '가만히 있으라'는 선장의 말에 구조를 기다리며 자리를 지켰던 아이들이 모두 희생되었다. 이제는 침몰해 가는 대한민국이라는 큰 배에서 더 이상 침묵하지 않겠다고, 잠잠히 앉아 있지 않겠다고 한국 땅과 전 세계에 흩어져 살고 있는 한국인들이 밖으로 나와 추모와 시위를 이어갔다.

기독교인으로서, 목사로서, 학자로서 이 순간 무엇을 해야 하는가 실로 깊이 고민하게 하는 순간들이었다. 과연 생존자/희생자/실종자 가족을 이 충격적인 슬픔에서 회복할 수 있도록 돕는 길은 무엇일까? 나는 그들의 마음을 이해하고, 들어주고, 그들과 함께 있어 주는 것이

라 믿는다. 그들이 호소하고자 하는 정당한 요구를 함께 외치는 것이
고, 다시는 이러한 참사가 일어나지 않도록 진상을 규명할 수 있는 특
검이나 국회청문회를 열게 하는 것이다. 이것이 가장 효과적인 치유의
방법처럼 느껴진다.

　목사님들이 회개하자고 하는 이야기도 들었다. 돈을 사랑하고 이웃
을 외면했던 것을 회개하자고 말한다. 이 기회에 우리 자신을 돌아보
고 반성하는 기회로 삼자는 이야기일 것이다. 이 순수한 신앙을 탓하
고 싶은 생각은 없다. 하지만 교회조차 그저 우리들의 잘못이니 회개
하자고 말하고, 이럴 때일수록 침묵해야 한다고 말한다면, 교회는 이
사회로부터 완전히 격리된 자기들만의 집단이 되고 말 것이다. 도대체
누가 회개해야 하는 것인가? 가만히 침묵하면서 기울어진 배의 좌초
와 침몰을 정녕 목도하고 있어야 한단 말인가?

　260여 명의 아이들이 희생되었다. 그것도 부모들이 지켜보는 가운
데 아이들이 서서히 죽어갔다. 대다수의 발견된 아이들의 시신은 손가
락 골절을 입었고 손톱이 다 갈라졌다. 이는 기울어진 배 안에서 위로
올라오려고 벌인 아이들의 사투를 여실이 보여주고 있는 것이다. 그저
어른들만 믿고 가만히 구조를 기다리던 아이들, 친구들을 위해 구명조
끼를 벗어준 학생, 갑판까지 왔다 다른 사람들의 구조를 위해 다시 배
안으로 들어간 학생, 승무원, 일반인들 모두 희생되었다. 이 모든 장면
을 지켜본 부모와 국민은 지금 트라우마(Trauma)에 빠져 있다.

어떤 죽음이 가장 슬프고 고통스러운가는 몸무게를 재듯 가늠할 수 있는 것은 아니다. 하지만 많은 슬픔치유 전문가들은 자식을 잃은 부모의 슬픔을 사람들이 겪는 모든 상실 중에 가장 큰 슬픔이라고 이야기한다. 그만큼 그 슬픔은 평생토록 지속되며, 슬픔을 느끼는 강도도 더 심하다는 것이다. 게다가 작별인사를 할 겨를도 없이 맞이하게 되는 갑작스러운 죽음은 남겨진 가족에게 더 큰 슬픔을 안겨준다.

슬픔의 종류 가운데는 '정신 외상적 슬픔(Traumatic Grief)'이 있다. 이는 일어나지 않았어야 할 갑작스럽고도 충격적인 죽음으로 인해 겪는 가족의 슬픔을 말한다. 특별히 이러한 죽음을 목격했다거나 막을 수 있을 사고였다면, 남은 가족은 그 슬픔과 분노, 죄책감이 더할 뿐 아니라 복잡한 애도의 과정을 겪게 된다고 한다. 게다가 누군가의 잘못으로 인해 죽음이 발생됐다면, 그 분노가 직접적인 원인을 제공한 사람에게 향하게 된다.

언론 보도에 따르면, 사고 초기 많은 국민이 불면증과 집중력 저하, 소화불량, 두통 등의 증세를 호소했다고 한다. 이를 두고 몇몇 전문가들은 국민이 집단 우울증을 겪고 있다고 말했다. 실제로 어떤 시민은 팽목항 바다에 투신하였다가 다행히 구조되었다. 희생자 가족이냐, 왜 뛰어들었냐는 기자의 질문에 이렇게 말했다.

"내 가족, 남의 가족이 어디 있나. 불쌍한 아이들 생각에 가슴 아파 살 수가 없었다. 세상이 이러면 안 된다."

왜 우리는 충격에 빠져 있는가? 그 원인은 사고 자체이며, 구조를 하는 과정에서 보여준 정부의 안일하고도 살인마적인 태도, 언론의 통제와 조작, 희생자 가족을 범죄자 취급하는 정부 등 충격적인 일이 한두 가지가 아니었다. 이 모든 것이 충격에 충격을 더하면서 주체할 수 없는 슬픔을 경험하고 있는 것이다. 아마 이는 아직까지 학계에 보고되지도 않았을 집단적, 충격적, 외상적 슬픔이다. 비슷한 케이스가 있다면 홀로코스트의 희생자와 생존자들이 겪은 잔인하고도 비인간적인 경험과 비교될 만한 큰 슬픔이다. 진실이 규명되고, 엄정한 처단이 일어나고, 제도가 바뀌지 않는 한 유가족과 생존자의 트라우마적 슬픔은 치유되기 힘들 것이다.

이와 더불어 생존자와 유가족을 위해 한 가지 더 관심을 가져야 할 일은 바로 초기의 과정이 지나고 자신의 삶의 자리로 돌아와 다시 평범한 일상을 살아가야 할 때이다. 특히 가정에 홀로 남아 있게 될 주부에게는 우울증이나 외상 후 스트레스 장애(PTSD)를 경험하게 될 위험이 크다. 잠자리에 들 때, 식사를 준비하면서, 방을 청소하면서, 가만히 앉아 있을 때, 먼저 떠난 아이에 대한 기억이 수시로 떠오르게 될 것이다. 게다가 그때의 충격을 다시 경험하게 되는 순간을 맞을 것이며, 자살충동도 일어나게 되고, 초조함이나 불안감, 공포감으로 인해 다른 사람들과의 만남을 꺼리게 될 수 있다.

사건 초기 안산에 있는 한 교회에서 목회자, 사회복지사, 상담사들로 구성된 상담팀을 만들어 세월호 사건의 유가족과 생존자를 위한 상담을 하려고 계획하였다. 하지만 상담을 받으러 오는 사람들이 너무 적어서 상담팀이 해체되었다고 한다.

일반적으로 개인상담과 집단상담이 반드시 필요하다. 하지만 세월호 사건의 경우 이보다 더 우선적인 것이 있다. 바로 유가족과 생존자의 편에 서서 그들을 지지하는 마음을 보내주는 것이다. 광화문 시위 현장에, 청와대 앞 차디찬 바닥에, 안산 분향소에, 팽목항에 함께 있어주는 것이 가장 효과적인 치유 방법이라고 믿는다.

한 가지 더 생각해 보는 것은, 마우나리조트 붕괴사고, 해병대 캠프 사고, 수학여행 버스전복사고, 씨랜드 화재사고 등 그동안 일어났던 참사로 자녀를 잃은 희생자 가족과의 연대와 만남이다. 함께 마음을 공유할 뿐 아니라 함께 할 수 있는 일을 찾을 수 있을 것이며 함께 힘을 모아 정부를 향한 강력한 목소리를 낼 수 있을 것이다. 교회와 시민단체들은 이러한 모임을 적극 지지해 주어야 한다.

더불어 이럴 때 신뢰있는 목회자의 역할이 중요하다고 믿는다. 어설픈 위로의 말은 삼가자. 부디 하나님의 뜻을 이야기하거나 말도 안 되는 의미부여를 하려는 유혹에 빠지지 않기를 바란다.

"다른 자녀를 위해 힘내세요."

"더 좋은 곳에 있습니다."

이러한 말도 그리 도움이 될 것 같지 않다. 오히려 이야기를 들어주고, 함께 있어 주는 것이 필요하다. 앞서 간 아이의 삶을 기리고, 가치를 인정하고, 좋은 모습으로 기억할 수 있도록 돕는 것도 필요하다.

또한 여전히 부모와 먼저 간 아이가 영적으로 서로 연결되어 있다는 것을 인지시키면서, 아이의 기억을 떠올릴 수 있는 상징적인 의례를 행하는 것도 좋다. 또한 구체적으로는 희생자 가족에게 있어, 아이를 기억할 상징적 물건을 지니고 다니는 것도 치유를 위한 좋은 방법이다. 매주 보내는 위로의 카드가 힘이 될 수 있고, 먼저 간 아이의 생일을 기억해 주는 것도 좋은 위로의 방법이다. 다음해 4월 16일이 되기 전에 미리 기억하여 카드와 메시지를 전해 주는 것도 잊지 말고 기억할 일이다. 이렇게 초기 2-3년 동안 애도의 과정을 잘 겪을 수 있도록 목회자와 교회 공동체의 지속적인 도움이 절실하다.

많은 사람들이 말한다. 2014년 4월 16일 이전과 이후가 달라질 것이라고 말이다. 분명 달라져야 한다. 이날 우리가 염원하며 기다리던 생명구조의 기적은 일어나지 않았다. 하지만 아직 우리가 만들어가야 할 기적이 남아 있다고 믿는다.

마지막으로 마틴 루터 킹 목사의 말을 인용한다.

이 사회적 전환기의 최대 비극은 악한 사람들의 거친 아우성이 아니라 선한 사람들의 소름 끼치는 침묵이었노라고 역사는 기록하게 될 것이다.

History will have to record that the greatest tragedy of this period of social transition was not the strident clamor of the bad people, but the appalling silence of the good people.

외상 후
스트레스 장애 Post Traumatic Stress Disorder

외상 후 스트레스 장애는 자신 혹은 다른 사람이 죽음이나 그와 유사한 심각한 상황이나 사건 속에서 정신적인 쇼크를 경험하게 될 때 생긴다. 그 사건에 대해서 두려움, 절망감, 공포감으로 반응한 이후로 한달 넘게 다음과 같은 반응을 지속적으로 보인다면 이를 외상 후 스트레스 장애로 진단한다.

외상적인 사건의 지속적인 재경험 (적어도 1가지 반응)

- 사건에 대한 반복되고 침습적인 고통스러운 회상 혹은 영상
- 반복되는 고통스러운 꿈
- 당시 사건이 실제 일어나고 있는 것과 같은 느낌이나 행동
- 당시 사건과 유사하거나 암시적인 단서에 노출됐을 때 겪는 강한 심리적 고통
- 당시 사건과 유사하거나 암시적인 단서에 노출됐을 때 겪는 육체적인 반응

지속적 회피, 일반적 반응 둔화 (적어도 3가지 반응)

- 외상과 관련된 사고, 느낌, 혹은 대화를 피하려는 노력
- 외상에 대한 회상을 일으키는 활동, 장소, 혹은 사람을 피하려는 노력
- 외상의 중요한 측면을 회상할 수 없음
- 중요한 활동에서 흥미 혹은 참여의 현저한 감소
- 다른 사람에게서 동떨어지거나 격리된 느낌
- 제한된 애정의 범위
- 단축된 미래에 대한 감각

증가된 각성 (적어도 2가지 반응)

- 잠자리에 들거나 수면을 유지하는 것의 곤란
- 흥분성 혹은 분노의 표출
- 집중장애
- 과장된 행동을 동반하는 민감한 상태
- 과도하게 놀라는 반응

- American Psychiatric Association. *Diagnostic and Statistical Manual of Mental Disorders.* 4th ed. Washington, DC: American Psychiatric Publishing, 2000.

모호한

상실

1983년에 출판된 『All about Loss, All about Grief(모든 상실과 모든 슬픔)』에서 미쉘과 앤더슨(Kenneth Mitchell and Herbert Anderson)은 인간이 겪는 모든 상실의 종류를 여섯 가지로 분류를 하였다.[11]

첫 번째, 물질적인 상실(Material Loss)이다. 눈에 보이는 소유물이나 수입 등이 해당된다.

두 번째, 관계적 상실 (Relationship loss)이다. 이는 이혼이나 이별로 인한 관계의 단절이나 친구 관계의 변화이다.

세 번째, 정신내적 상실(Intrapsychic loss)이다. 이는 자신이 추구하고자 했던 중요한 이미지의 상실, 가능성의 상실, 미래를 위한 꿈의 상실 등을 의미한다.

네 번째, 기능적적 상실(Functional Loss). 신체의 일부가 기능을 잃는 경우나 말기 질병들 등이다.

다섯 번째, 역할의 상실(Role Loss)이다. 이는 가족 관계에서의 역할과 직장에서의 역할 등을 잃는 것을 말한다.

여섯 번째, 공동체 상실(Systemic Loss)로서 이사나 이민 등으로 인해 자신이 속한 공동체를 떠나는 것이며, 이로 인해 속해 있던 가정이나 공동체의 조직적인 변화와 슬픔을 겪게 된다.

미쉘과 앤더슨에 따르면, 이러한 상실은 한번에 여러 가지가 복합적으로 일어날 수 있다고 한다. 예를 들어 아이를 잃은 경우라면, 이는 관계적인 상실이나 육체적인 상실뿐 아니라 아이와 함께 꿈꾸었던 꿈과 희망을 잃은 것이기도 하다. 동시에 이러한 상실은 우리에게 분노, 우울, 후회, 절망, 좌절, 무력감 등 수 십 가지 슬픔의 감정들로 반응하게 한다. 이들이 정의한 이 여섯 가지 상실의 종류는 사람이 살아가면서 잃게 되는 대부분의 형태를 범주화하였고, 최근까지도 그들이 분류한 상실의 종류는 학계에 거의 그대로 받아들여지고 있다.

이와 더불어 상실에 관해 조금은 다른 각도에서 접근한 사람이 있다. 1999년 폴린 보스(Pauline Boss)는 저서 『모호한 상실(Ambiguous Loss)』에서 새로운 상실의 개념을 설명한다. 이는 죽음으로 인한 명백

한 상실이 아닌, 아주 잃은 것도 아니고 함께 있는 것도 아닌 상태를 말한다. 두 가지의 경우가 있다.

첫째는 죽음이 아닌 육체적으로는 상실되었지만, 마음속에는 살아 있는 경우이다. 즉 납치나 전쟁 등으로 인해 가족이 실종되어 생사를 확인할 길이 없는 경우, 혹은 긴 이별을 한 경우를 말한다.

두 번째 경우는 치매나 심각한 정신질환을 앓고 있어 육체적으로는 살아있지만, 정신적으로는 죽어 있는 상태를 말한다.[12] 이러한 모호한 상실은 가족에게 극심한 고통을 남기게 된다.

지난 해 여름의 일이다. 10여 년 동안의 미국 유학생활을 마치고 한국에 들어가게 된 교회 청년이 있었다. 나는 그의 힘들었던 미국생활을 격려하고 한국에서의 새로운 삶을 축복해 주기 위해 함께 식사하는 자리를 가졌다. 이야기하던 중 그에게 한국으로 가게 되니 마음이 어떠냐고 물었다. 그는 좋기도 하지만 한 가지 걱정이 있다고 한다. 그게 뭐냐고 물으니, 한국은 장기 적출을 노리는 인신매매 사건이 너무 많아서 자신 같은 건장한 청년도 예외 없이 납치의 대상이 된다는 것이다. 나는 설마 그게 진짜 걱정일까 생각했지만, 그는 무척 진지하였다. 특히 2012년 한국을 떠들썩하게 했던 '오원춘 사건'을 언급하면서 이러한 일이 한국에는 비일비재한 사건이라고 말했다.

사실 2명의 어린 딸을 둔 나도 한국은 안전한 곳이 아니라는 생각을 해왔다. 그런데 이렇게 건장한 청년도 납치와 인신매매를 걱정할 정도라면 나의 걱정은 기우만이 아니었다. 이렇듯 한국에서 일어나는 어린이, 청소년과 관련된 사고를 생각할 때면 더욱 불안감이 드는 것은 사실이다. 더군다나 최근 세월호 참사는 단순한 슬픔을 넘어서 대한민국이라는 국가가 국민을 안전하게 지켜주고 보호해 줄 것이라는 막연한 믿음을 쓰레기통 속으로 던져 버리는 계기가 되었다. 차디찬 바다 깊은 곳에 아직도 실종자들이 있고, 수 개월이 지났음에도 불구하고 사건에 대한 진상규명은 요원해 보인다.

세월호 참사뿐 아니라 각종 재난 사고, 군대에서 일어나는 의문사, 장기적출을 의심케 하는 납치와 살인 등 많은 사건과 사고는 국민에게 의구심만을 남긴 채 진실이 밝혀지지 않고 덮어지는 경우가 많다. 한 통계에 따르면, 1990년대 후반 이후 군에서 사망한 젊은이의 숫자는 연 170명에 달한다고 한다. 유신정권이나 전두환 정권 때 군대에서 일 년에 1,000여 명이 죽어 나간 것과 비교하면 현격히 줄어든 숫자이기는 하지만 아직도 수많은 사건들은 진실이 밝혀지지 않고 있다.

또한 한국에서 어린이와 여성이 실종되는 경우도 많다. 2012년 경찰청의 통계에 따르면, 한국에서 한 해 실종되는 13세 이하의 어린이 26,000명에 이른다고 한다. 2008년에 8,000명이었는데 갑자기 4년 사이 3배 이상 증가하였다. 이는 하루 평균 71명의 아이들이 실종된다는 말이다. 믿지 못할 숫자이다. 자식은 부모에게 있어서 자신의 일부, 아니 전부이며, 값으로 따질 수 없는 가장 소중한 존재이다. 이렇게 귀한 아이가 실종이 되었다면 그 부모의 심정이 어떻겠는가?

모든 생업을 포기하고 전국을 찾아 헤매는 부모의 마음을 이해할 수 있을 것이다. 아이가 살아있을 것이라는 희망과 언젠가 돌아올 것이라는 간절한 기대를 가지고 평생 살아간다는 것은 더할 수 없는 고통이다. 죽음으로 인한 상실도 슬프고 고통스러운 것이지만, 아이가 살아있는지 죽었는지 모르는 채 살아가야 하는 부모나 가족의 참혹한 마음은 이루 말할 수 없을 것이다.

폴린 보스가 말한 '모호한 상실'이 바로 이러한 경우이다. 이는 생사를 확인할 수 있는 방도가 없기에 가족을 더욱 힘들게 한다. 이 불확실함이라는 것이 지속될 때 불안함과 우울함이 드리워지며, 가족 간에 갈등의 요소가 되고, 제대로 된 슬픔의 과정을 겪을 수 없게 된다. 또한 실종된 가족이 돌아올 것이라는 기대를 가진 채 살아가는 것은 시간이 길어질수록 감정을 소진시키고 신체적으로 쇠약해지는 증상까지 나타나게 한다. 게다가 현존하는 의례와 공동체의 도움은 죽음같이 분명한 상실을 경험했을 때 주어지는 경우가 대부분이기에 이웃이나 공동체로부터 받는 지지와 도움의 기반도 빈약하다.

폴린 보스는 이렇듯 납치와 실종으로 인한 상실을 비극적 참사로 묘사하면서, 이는 사람들이 겪는 상실 중에 가장 고통스러운 형태라고 말한다. 그녀는 실제 전쟁에서 실종된 미 해군의 부인들을 대상으로 인터뷰하였다. 그 결과 남편이 돌아올 것이라는 희망의 끈을 놓지 않고 사는 이들은 가족 안에 심한 갈등을 보였다. 특히 자녀교육이나 재정관리 면에서, 그리고 어떤 결정해야 할 문제들이 생겼을 때 큰 어려움을 겪었다고 한다. 가족은 이렇게 불확실한 삶을 사는 것보다 차라리 죽음에 대한 확실한 증거나 진실을 열망한다.

이에 폴린 보스는 그녀가 상담한 여러 사례를 통해서, 모호한 상실을 경험하고 있는 가족을 돕기 위한 방법을 제시한다. 먼저 가족 간에 대화와 정보의 공유, 감정을 나눈다. 그러고 나서 궁극적으로는 무엇이 잃어버린 부분이고 무엇이 간직해야 할 부분인지 가족 간에 합의를 이루어야 한다. 이에 폴린 보스는 떠나보내기 위한 상징적인 의례의 필요성을 역설한다. 그리고 신뢰할 만한 누군가에게 자신의 이야기를 함으로써 감정을 이해받고, 애도의 과정으로 이어질 수 있게 하는 것이 중요하다고 말한다.[13)]

또한 폴린 보스는 자꾸 과거를 돌아보고, 자기자신이나 남을 비난하는 것은 도움이 되지 않는다고 한다. 오히려 용서와 화해가 치유와 회복을 만들 수 있는 중요한 요소라고 말한다.

그녀는 남아프리카 공화국의 만델라 넬슨 대통령이 설립한 진실과 화해 위원회(Truth and Reconciliation Commission)에서 진행한 공공 청문회의 예를 든다. 이 청문회에서는 인권 침해 가해자가 자신의 잘못을 진심으로 뉘우치고 고백하는 경우에 사면을 해주었다. 그 과정은 이렇게 진행되었다. 가령 아들을 잃은 한 어머니가 자신의 잃어버린 아들에 대한 인상착의를 설명하고 나면 가해자는 언제, 어디에서, 어떻게 그를 고문하고 죽였는지 털어놓는다. 이를 통해 진상이 파헤쳐지고 가해자 처벌 혹은 사면이 이루어졌을 뿐 아니라 개인적인 용서와 화해, 사회적인 치유를 이끌어 냈다.

2년 넘게 진행된 이 공공청문회에서는 2만여 건의 피해 사례가 접수되었고, 5,000여 명이 처벌되었으며, 800명이 넘는 가해자들이 사면되었다. 이는 참회와 용서가 어떻게 상호작용을 하는지에 대한 좋은 예로 남는다. 설사 이것이 완벽한 문제해결 방법은 아닐지라도, 적어도 사랑하는 사람을 잃은 가족에게 기나긴 고통의 세월을 일단락 짓고, 애도의 과정으로 들어설 수 있는 계기를 만들어 준다.

이렇게 볼 때, 나는 폴린 보스가 정의한 모호한 상실 중 그녀가 다루지 않은 케이스가 한 가지 더 있다고 본다. 그것은 육체적으로 명백히 죽음을 선고받았지만, 죽음에 대한 의혹이 여전히 살아있는 경우이다. 치유의 실마리는 바로 의문이 밝혀지는 것이다. 진실이 밝혀지지 않는 한 그들의 죽음은 모호한 상실이 되고 트라우마가 된다. 가려지고 감추어질수록 용서와 화해는 멀어져 간다. 그렇게 유가족에게는 가슴에 묻혀진 슬픔과 분노가 될 것이다. 죽은 사람을 살려 놓으라는 게 아니다. 진실이 무엇인지를 말해 달라는 것이다. 세월호 참사뿐 아니라 모든 의문을 남긴 죽음들의 진상 규명을 희망해 본다. 모든 개인과 가족, 그리고 이 사회가 겪는 트라우마의 회복을 위하여.

용서
Forgiveness

용서란?

- 가해자가 했던 일을 상관하지 않겠다고 말하는 것이 아니다.

- 가해자가 했던 행동에 상처받지 않았다고 말하는 것이 아니다.

- 마치 아무 일도 없던 것처럼 행동하는 것이 아니다.

- 가해자에게 사과를 요청하는 것이 아니다.

- 가해자의 잘못된 행동에 면죄부를 주는 것이 아니다.

- 가해자를 또 다시 신뢰하겠다는 말이 아니다.

진정한 용서란?

- 가해자의 잘못된 행동을 인지하고 그의 잘못으로 인해 발생한 고통을 받아
  들이는 것이다. 그리고 그 고통을 십자가의 예수 앞에 가져가 내려놓아야
  한다. 예수께서 우리를 치유하실 때 비로소 우리에게 상처를 준 사람을 용
  서할 수 있게 될 것이다. 용서하는 것이 어렵다고 느끼는 것은 당연하다. 오
  직 하나님만이 우리에게 용서할 힘을 준다.

- 완전한 용서는 시간이 걸린다. 용서는 한번에 이루어지는 것이 아니다. 이것은 마치 길을 자꾸 잃게 되는 여행과도 같다. 용서한다고는 하지만 가해자가 준 상처가 되살아나는 악순환의 길을 걷게 된다. 우리는 다시 한번 마음속 깊이 용서하게 되면서 점차적으로 완전히 용서할 수 있는 길을 만들어 가는 것이다.

- 용서한다는 것은 가해자가 변화되는 것을 기대하는 것이 아니다. 설사 그가 변화되었더라도 그 사람에 대한 신뢰는 깨진 것이고, 신뢰를 쌓기 위해서는 시간이 걸릴 것이다. 조금씩 그 사람과 좋은 관계를 가지면서 다시금 신뢰를 갖게 될 수 있다. 하지만 완전히 신뢰할 수 있는 단계로 나아가기까지 많은 시간이 걸릴 것이다.

- 용서는 가해자가 어떻게 행동하느냐에 달린 것이 아니다. 종종 우리는 가해자가 사과할 때까지는 용서하지 않겠다고 말하는 경우가 많다. 또는 그 사람이 변화된 행동을 보이기 전까지는 용서할 수 없다고 말하기도 한다. 비록 가해자가 우리에게 미안하다는 말을 하지 않았더라도, 우리는 예수님이 했던 것처럼 무조건 용서해야 한다. 십자가 위에서 예수님은 말씀하셨다. "아버지, 저들을 용서하소서. 저들은 자신들이 하는 일을 알지 못합니다"(눅 23:34)

- 용서는 가해자가 한 행동에 대한 책임을 면제해 주지 않는다. 용서는 하나님의 심판을 구하는 것이다. (로마서 12:19-21; 13:1-4) 우리가 누군가를 용서를 했다고 하더라도 그를 사회적인 정의 앞에 세우는 것은 필요한 일이다. 폭력과 악한 행동으로 인해 선량한 사람들이 피해를 입는 것을 방지하는 것은 반드시 필요한 일이다.

왜 용서해야 하는가?

- 용서는 우리 자신을 파괴시키는 분노와 괴로움에서 자유로울 수 있도록 도 와준다. 또한 우리 자신이 악해지는 것을 막을 수 있다. (에베소서 4:26-27; 고린도후서 2:10-11)

- 용서는 우리 자신도 하나님으로부터 용서받을 수 있는 자격을 부여해 준다. 우리가 용서할 때 비로소 우리도 용서받을 수 있다. (마태복음 6:14-15)

- 용서는 우리가 예수의 십자가의 구원을 이해하고 있다는 증거이다. 예수가 보여준 십자가의 희생과 사랑을 경험하고 이해했다면, 우리는 또한 용서를 실천할 수 있어야 한다.

- 용서는 가해자와 화해의 가능성을 높여준다. 용서가 없다면, 우리의 감정을 상하게 한 사람과의 관계는 영원히 회복되어지지 않는다. 용서는 관계를 회 복시켜주지만, 완전한 회복은 가해자의 뉘우침과 회개, 그리고 우리의 용서 가 있어야 한다.

- 용서는 우리의 감정을 상하게 한 사람을 변화시킬 수 있다. 용서를 통해 가 해자에게 하나님 앞에 회개할 수 있는 계기를 줄 수 있다. 사도행전 7장의 스데반은 죽어가면서도 자신을 죽이는 자들을 위한 하나님의 용서를 구했 다. 이들 중에 한 사람이 바로 바울이다. 그는 후에 위대한 사도가 된다. (사 도행전 7:60-8:1)

- Margaret Hill, Harriet Hill, Richard Bagge, and Pat Miersma. *Healing the Wounds of Trauma: How to Church Can Help*. (Kenay: Paulines Upblications Africa, 2004), 87-92.

PART
6

기독교와 죽음

이별은 작은 죽음 연습이라고도 한다.
그만큼 이별과 죽음에는 많은 유사점이 있다.
그 중 하나가 다시 만날 것이라는 소망이다

Do not be afraid of crying

천국
소망

　　시카고에서 태어난 둘째는 6살이 되었고, 미국에 올 때 3살이던 큰아이는 벌써 9살이 되었다. 다음 학기면 벌써 5학년이 된다.

　　클레어몬트에 와서 우리 아이들이 사귀게 된 친구 중에 인도 아이인 리사와 리아가 있었다. 리사는 큰아이와 같은 나이고, 리아는 작은 아이와 같은 나이다. 아이들은 하루가 멀다하고 매일 몇 번씩 서로의 집과 놀이터를 오가며 아주 가깝게 지냈다. 그러던 중 리사의 아빠가 뉴저지에 일자리를 얻게 되어 이사 가야 하는 상황이 되었다.

　　아이들은 리사 가족이 이사 가기 두 달 전부터 슬립오버(Sleepover, 밤샘파티)를 한다며 몇 번을 서로의 집에서 잠자리를 함께하며 즐거운 시간을 보냈다. 아이들 넷을 돌봐야 하기에 조금 귀찮은 일이었지만, 이사 가기 전에 서로의 정을 돈독히 하고 그리움을 달래기 위한 좋은 방법이라고 생각했다. 게다가 큰아이는 일 년 넘게 모은 저금통을 깨서 꽤 비싼 선물을 리사에게 해주기도 하였다. 이사 가기 며칠 전부터 하트 모양이 둘로 갈라진 목걸이를 사서 뒷면에 각자 이름을 쓰고 언젠가 다시 만날 때까지 잊지 말자고 다짐하기도 했다.

큰아이 승희는 리사에게 어떻게 연락하면 좋을지 물었다. 그래서 갑자기 아이의 이메일을 만들어 주기도 하였다. 승희는 이메일이 어떻게 일반 편지도 아닌데 연락이 될 수 있냐고 이해할 수 없다고 했다. 이메일은 컴퓨터를 통해서 편지처럼 서로 주고받을 수 있는 거라고 좀 더 자세히 설명해 주었다. 그랬더니 조금은 안심이 된 모양이다.

리사 가족이 이사하는 주일이었다. 승희는 교회에서부터 얼른 집에 가야 리사가 이사 가는 것을 볼 수 있다며 보챘고, 다행히 오후에 교회에 별 일이 없어서 우리는 리사 가족이 떠나기 전에 도착할 수 있었다. 아이들은 놀이터에서 한 시간 정도 함께 시간을 보냈다. 나는 얼른 아이들이 함께 노는 모습을 사진에 담아 프린터로 뽑았고, 리사 가족에게 주었다. 아이들이 무척 기뻐하였다.

이제 떠나야 할 시간이 가까워졌다. 갑자기 승희가 울기 시작했다. 둘째 아이 승연이도 덩달아 눈물을 흘린다. 아이들을 어떻게 달래야 할지 속수무책이었다. 그때 승희가 물었다.

"아빠, 리사 엄마 아빠는 우리 가족이 새로 이사 가는 집에 놀러가도 된다고 했어. 우리 언제 리사네 집에 놀러갈 수 있어?"

나는 아이에게 거짓말로 대답하고 싶지 않았다. 하지만 이것이 아이를 안심시킬 수 있는 최선의 길이라 생각하며 대답했다.

"그래, 언젠가 한 번 놀러가자."

승희는 내가 그저 안심시키려고 한 말이라고 생각했는지 이렇게 말한다. "아빠, 안 갈 건데 그냥 대답하는 거지?"하면서 정말로 대답해 달라고 한다.

나는 다시 한번 말했다.

"그래. 언제일지 모르겠지만, 정말 꼭 함께 가자."

아이는 안심이 되었는가 보다. 얼굴빛이 조금 밝아졌다.

사실 나와 아내도 마음이 좋지 않았다. 좋은 친구를 보낸다는 것도 그렇고, 아이들이 이렇게 슬퍼하고 그리워하는 모습을 보니 더욱 그러했다. 나는 리사의 마음은 어떤지 물었다. 리사도 슬프다고 했지만, 우리 아이들처럼 눈물을 흘리지는 않았다.

나는 승희에게 물어보았다.

"승희야, 왜 리사는 승희가 슬퍼하는 것처럼 그렇게 슬퍼하지 않아 보이지?"

승희가 대답한다.

"리사는 새로운 집으로 이사 간다고 좋아하고 있어. 방도 3개나 있고, 여기보다 크고 넓은 집이래."

순간 머리를 스치는 어떤 생각에 사로잡혔다. 리사는 헤어짐과 떠남에 대한 슬픔보다 새로운 집, 더 좋은 집으로 이사 가는 것에 대한 새로운 희망과 기대의 마음이 더 크구나!

이것은 내게 인간의 삶과 죽음에 대해 생각하는 기회가 되었다. 사람들은 서로 만나 친구가 되고, 가족이 되고, 함께 삶을 나누며 즐거운 시간을 보내다가 언젠가 돌아오지 못할 이별의 순간을 맞이하게 된다. 한없이 슬픈 순간이다. 정든 가족이나 친구를 떠나보내야 하는 사람들은 그를 다시 볼 수 없게 된다는 마음에 슬픔이 가득하고, 떠나야 하는 사람도 같은 마음을 느낄 것이다. 하지만 우리가 믿는 새로운 집, 더 좋은 집인 천국에 대한 소망과 기대는 그 슬픔을 넘어설 만큼 더 크다.

우리는 이메일을 보내는 대신에 기도를 통해 돌아가신 분들의 삶을 묵상할 수 있고, 매년 지내는 추모예배를 통해 죽은 사람들을 영적으로 다시 만나고 기억할 수 있다. 또한 천국에 대한 소망은 언제인지 모르지만, 다시 만날 수 있다는 희망의 메시지를 전달하기에, 그 희망 때문에 오늘의 삶을 다시금 살 수 있는 힘을 주는 것이라는 사실이다.

몇 해 전, 죽음과 의례에 관한 리포트를 작성하기 위해 12살 아들과 3살짜리 딸을 잃은 엄마를 인터뷰한 적이 있다. 두 아이가 공교롭게도 같은 해에 몇 달 간격으로 각각 백혈병과 뇌종양으로 세상을 떠났다고 한다. 두 아이를 같은 해에 잃은 부모의 마음은 경험해 보지 않은 사람으로서는 상상할 수 없을 것이다. 그녀는 한동안 마음속 무거운 고통 가운데 살 소망을 잃고 지냈고, 그렇게 아이들을 떠나보낸 지 7년 정도 지났다고 한다.

나는 인터뷰의 궁극적 관심이 의례에 있었기 때문에, 아이들을 위한 특별한 의례를 지내는지 물었고, 아이들의 장례와 관련된 의례 중에 어떤 요소가 마음의 위안을 주었는지 물었다. 그녀가 대답하기를 당시 의례뿐 아니라 그 어떤 것으로도 마음의 위안을 얻을 수 없었다고 했다. 심지어 비슷한 처지에 있는 사람들의 글을 보아도 아이 하나를 잃은 사람의 이야기로는 위안이 되지 않았다고 고백했다.

"아이들이 보고 싶고, 많이 생각나시지요?"

내가 묻자, 그녀는 아이들의 사진을 볼 때와 그 또래의 아이들을 보면 생각이 많이 난다고 했다. 그러면서 말했다.

"그런데 사실은 그렇게 많이 생각하지는 않아요. 우리는 믿는 사람들이니까. 언젠가 제가 천국에 가면 아이들을 만날 수 있잖아요. 그때를 생각하면 기쁨과 소망이 넘쳐요."

그녀는 이어서 설명해 주었다. 아이들을 잃은 후, 고통과 번민 가운데 지내고 있던 어느 날, 꿈에 하나님께서 위로해 주시면서 두 아이들이 천국에서 행복하게 지내고 있는 모습을 보여주셨다는 것이다. 그래서 그 이후 천국에 대한 소망과 확신을 가질 수 있었다고 한다.

그 어떤 것으로도 위로가 될 수 없었던, 두 아이를 잃은 엄마에게 천국에 대한 소망은 현재의 삶을 지탱해 주는 가장 큰 힘인 것이다. 또한 이 엄마는 아이들이 하늘나라에 간 후 일 년 쯤 지나서 한 아이를 입양

하였다. 이 아이를 키우는 동안 새로운 기쁨과 삶의 활력을 얻을 수 있었다고 한다.

어떤 사람들은 '천국'이라는 공간이 기독교에서 무책임한 희망을 불어넣어주는 곳이라고 말하기도 한다. 이것은 마치 내가 승희의 마음을 편안하게 해주기 위해 언제인지 모르지만 꼭 놀러가자고 대답했던 것과 마찬가지이다. 어쩌면 승희는 내 말이 진실하지 않았다는 것을 내심 알아차렸을지도 모른다. 하지만 천국은 그렇게 확신 없이 이야기하는 공간이 아니다. 천국은 있다. 그리고 꼭 있어야만 한다.

엘리자베스 큐블러 로스가 쓴 『On Life After Death (사후생)』이라는 책에는 임사 체험을 했던 사람들의 이야기가 기록되어 있다. 그들의 증언은 다소 공통적이다. 그 중에 하나가 천국에 들어갈 때 먼저 돌아가셨던 분들이 마중 나와 반겨주더라는 것이다. 엄마, 아빠, 친구들, 먼저 간 아이들, 그토록 그리워하던 사람들, 바로 그들을 우리가 언젠가 천국에 갈 때 만날 수 있다는 확신이 이 땅에서 외로움과 그리움으로 살아가는 모든 사람들에게 참된 희망과 힘과 용기를 더하여 줄 수 있다고 믿는다.

우리 가족은 아직 리사가 이사 간 동부 뉴저지에 가보지 못했다. 승희는 가끔 리사와 전화 통화하며 서로 어떻게 지내는지 이야기를 나누곤 한다. 시간이 지나니 그전처럼 많이 생각나지도 않는 것 같다. 승희가 이곳에서 새로운 친구를 사귄 것처럼, 리사도 그곳에서 새로운 친구를 사귀어 재미있는 하루하루를 보내고 있을 것이다.

이별은 작은 죽음 연습이라고도 한다. 그만큼 이별과 죽음에는 많은 유사점이 있다. 그 중 하나가 다시 만날 것이라는 소망이다. 오랫동안 정든 사람과 이별한다는 것은 슬픈 일이지만, 만남에 대한 소망과 확신이 잠시의 헤어짐으로 겪을 아픔을 달래주는 위로와 희망의 메시지가 되리라.

슬픔치유를 위한
종교와 영성의 역할

    최근 나는 자녀를 잃은 부모들이 슬픔을 극복하는 과정에서 기독교의 영성이 어떠한 역할을 하였는지에 대한 연구를 하였다. 이를 위해 먼저 종교와 영성의 관계에 대해서 살펴보았다. 종교라는 개념은 역사적이며, 공동체적이고 정형화된 틀을 갖추고 있는 반면, 영성은 개인적이고, 형식에 메이지 않으며, 종교보다 더 넓은 의미를 지니고 있다. 하지만 이 둘은 서로 떼어서 생각할 수 없는 개념이다. 영성은 종교적 혹은 비종교적인 틀 안에서 반복적으로 훈련되어지기 때문이다.

    이러한 기본적인 이해와 학자들의 연구를 바탕으로 기독교의 영성을 정의해 보았다. 기독교의 영성이란, 하나의 역동적인 과정으로서, 기독교적인 가치에 기반한 삶의 의미 추구이며, 기독교의 의례와 활동을 통해서 경험되어지는 거룩한 순간의 경험이며, 삼위일체 하나님과의 관계를 포함하여, 자기자신과 다른 사람들과의 관계성 속에서 얻어지는 깊은 마음의 헤아림이다.

    이러한 기독교 영성에 대한 정의는 자녀를 잃은 부모들의 경험 속에서 기독교의 영성적 요소들을 파악하는 데에 도움이 되었다. 인터뷰에 참여한 9명의 부모님은 각기 질병, 사고, 타살 등의 원인으로 자녀를 잃었다. 자녀를 잃은 지 평균

12년 정도 되었으며, 모두 기독교인이다. 나는 현상학적 연구에 기초하여 이들과 나눈 인터뷰의 내용을 분석하였고, 엄밀한 자료 분석을 통해 이들이 슬픔을 이겨내는 데 도움이 된 기독교 영성의 요소를 파악할 수 있었다.

- 신앙공동체의 도움
- 하나님을 믿음
- 하나님과 초월적인 만남의 경험(음성, 환상)
- 지속적인 예배와 교회활동에 참여
- 의례(장례, 추모, 묘지방문 및 상징적 활동)
- 의미를 찾기 위한 노력
- 가족
- 천국에 대한 믿음과 확신

이러한 기독교의 신앙과 하나님에 대한 믿음은 삶의 의미와 가치를 새롭게 하고, 하나님의 일에 헌신할 수 있는 계기를 만들어 준다. 이들은 비슷한 아픔을 겪는 사람들에게 치유자의 역할을 하고, 간증을 통해 자신의 삶을 되돌아보면서 다른 사람에게 힘과 위로를 주기도 하고, 선교를 통해 어려운 사람들을 돌보는 역할을 하고 있다.

- Yoon, Deuk Hyoung. "Pastoral Care and Counseling for Bereaved Parents: A Phenomenological Study of Role of Christian Spirituality in Coping with the loss of a Child." PhD diss., Claremont School of Theology, 2015.

자살하면
지옥 간다?

2008년 클레어몬트에서 첫 학기를 시작했을 무렵으로 기억된다. 텔런트 안재환 씨의 자살과 이를 둘러싼 여러 가지 의혹이 화제가 되었고, 얼마 지나지 않아 국민 텔런트로 최고의 인기를 모았던 최진실의 자살은 한국 사회를 패닉에 빠지게 하였다. 그 이후, 동생 최진영의 자살, 전 남편인 조성민의 자살, 어디 그뿐인가? 우리는 수많은 젊은 연예인들이 스스로 자신의 생을 끊고 세상을 떠난 것을 목격해 왔다. 그리고 연예인의 자살이 있었던 시기에 우리나라의 전체 자살율 또한 두 배 이상 높아졌던 것을 우리는 잘 알고 있다.

더군다나 황혼기의 이혼율과 더불어 자살율 또한 높아지고 있으며, 입시에 대한 부담감과 성적 비관, 학교 안에서의 폭력과 왕따로 인한 청소년들의 자살, 심지어 초등학생들까지 공부에 대한 중압감과 학교

폭력을 이기지 못해 자살하는 경우가 늘어나고 있다.

2010년 통계에 따르면, 한국에서 하루 평균 42명이 자살하였으며, 이는 2000년과 비교하면 두 배가 넘는 숫자이고, 한국은 OECD 국가 중에 자살율 1위라는 불명예스러운 타이틀을 달고 있다.

왜 스스로 목숨을 끊는 것일까? 자살을 결정한 사람의 마음은 어떠했을까? 흔히 자살은 심각한 우울증으로 인한 갑작스러운 행동으로 알고 있다. 자살한 사람들의 상당수가 이러한 정신적인 질환을 겪어왔던 것이 사실이다. 또한 청소년 자살은 성적 비관, 가정 불화, 학교 폭력 등에서 오는 충동적인 경우가 많다. 이렇듯 자살은 어떤 이유에서건 '더 이상 살아갈 수 없다'라는 막다른 길에서의 선택이다. 더구나 이러한 불행한 선택을 한 사람들 중에 많은 기독교인들도 포함되어 있다.

기독교는 '자살하면 지옥 간다'는 간단한 명제를 자살을 방지하는 최고의 대책으로 삼아왔다. 그도 그럴 것이 기독교인에게 이것만큼 효과적인 것은 없을 것이다. 천국과 영생에 대한 소망을 안고 사는 기독교인에게 자살하면 천국에 이를 수 없고, 지옥에 가게 된다는 것은 그들이 신앙으로 살아온 평생의 삶을 단번에 부정하는 것이 되니 자살에 대해서 심각하게 고려하지 않을 수 없을 것이다.

그렇다면 정말 자살한 사람은 지옥에 가는 것일까? 많은 목사들과 학자들이 자살한 사람이 지옥에 간다는 근거로 제시하는 것은, 모든 생명은 하나님께서 주신 것이고 생명을 주관하는 이는 하나님이신데,

인간이 스스로 자신의 생명을 끊는 것은 하나님의 주권을 거부하는 행위라는 것이다. 또 한 가지는 스스로의 목숨을 끊는 것은 자신을 죽이는 살인 행위와 같아서 '살인하지 말라'는 십계명의 여섯 번째 계명을 어긴다는 것이다. 여기서 질문할 수 있는 것은, 그럼, 타인을 죽이는 살인 행위는 지옥에 떨어질 행위는 아닌가? 이에 대해 말하길, 이들은 적어도 회개할 시간이 있지만 자살한 사람은 회개할 기회조차 가질 수 없기 때문에 지옥에 간다는 것이다.

자살이라는 것은 인간의 죄악된 행위 가운데 하나인 것은 분명하다. 하지만 인간의 삶과 죽음은 참으로 복잡하고 다양하다. 어디 하나님의 주권을 거부하는 것이 자살뿐이겠는가? 스스로 목숨을 끊는 행위와 타인의 생명을 앗아가는 행위뿐 아니라, 그보다 더 흉악하고 간교하고 죄악된 인간의 행위는 어찌 심판받을 것인가? 한 인간이 누려야 할 행복한 삶을 지켜주지 못하고 자살로 생을 마감하게 만든 사회적인 책임은 없는가? 영혼을 구원하지 못하고 생명을 저버리게 만든 교회의 책임, 목사의 책임과 방관은 지옥에 떨어질 만한 큰 죄는 아닌가? 또한 자살한 사람은 회개할 기회를 갖지 못하기 때문에 지옥에 간다면, 재난, 사고 등으로 인해 지은 죄를 회개하지 못하고 죽은 이들은 어떻게 되는 것인가?

2013년, 세계적으로 유명한 새들백교회 릭 워렌 목사의 아들이 자살하였다. 이를 두고 많은 사람들이 안타까운 마음으로 조의를 표하는 반면, 어찌 『목적이 이끄는 삶』이라는 베스트셀러를 통해 삶의 바른 목적과 의미를 제시했던 목사의 아들이 자살하였는가?하는 부정적이고 비판적인 여론이 일기도 하였다. 이는 기독교인의 자살이라는 이슈와 논쟁을 표면화하기도 하였다.

릭 워렌의 아들 매튜는 오랫동안 심각한 정신질환을 앓아왔고, 그는 그의 고통스러운 삶을 마감하고 싶다는 이야기를 종종 하였다고 한다. 그의 죽음을 놓고 많은 부정적인 이야기가 오갔던 것이 사실이다. 하지만 미국인의 여론은 부정적인 논쟁을 넘어 릭 워렌과 그의 가족이 겪은 비극적인 사건을 위로하는 방향으로 흘렀다. 천국과 지옥에 대한 논쟁이 우선이 아니라 남은 가족이 겪을 슬픔과 고통에 더 관심을 가짐으로써 죽은 이와 가족에게 이차적인 고통을 주지 않으려고 애쓰는 모습을 보여주었다. 더불어 자살한 사람이 지옥에 가느냐는 문제는 죄 많은 인간이 판단할 일이 아니라는 것이다.

자살은 남은 가족에게 견디기 힘든 상처를 안겨준다. 그들은 상실의 아픔뿐 아니라 수치심과 두려움, 분노와 죄책감을 안게 된다. 이러한 불명예와 수치감은 그들의 슬픔을 제대로 드러낼 수 없도록 만들고, 그래서 슬픔의 과정도 다른 죽음보다 더 복잡하고 긴 시간을 보내게 된다. 이것을 슬픔치유적인 용어로는 Disenfranchised Grief(death), 즉 사회적으로 인정받지 못하는 슬픔(죽음)이다. 사회적으로나 대부분의 종교와 교단들이 자살한 사람을 대하는 태도 역시 그리 호의적이지 않다. 이러한 분위기로 인해 대부분의 가족은 온전한 사회생활과 가정생활이 힘들어지기도 한다. 그래서 어떤 경우에는 자살했다는 것을 숨기고 다른 병이나 사고로 인해 죽은 것처럼 주변에 말하기도 한다. 그러다 보니 주변 사람들과의 깊은 대화를 피하게 되고, 누가 죽음에 대한 진실을 알고 있는지 가려가면서 이야기하기도 한다.

이러한 수치심과 더불어 가장 크게 느끼는 감정은 바로 죄책감이다. 왜 내가 이러한 비극을 미리 방지하지 못했는가?라는 생각에서 오는 자책감이기도 하다. 그들은 그 죽음을 막기 위한 어떤 대책이 있었을지도 모른다는 마음을 가진다. 특히 자살하기 직전에 무슨 문제가 있어서 심하게 다투었다거나, 뭔가 부탁을 들어주지 못했을 때 더욱 죄책감이 커진다. 때로 이러한 죄책감은 비난으로 바뀌게 되고, 그러한 비난은 다른 사람에게 대한 화풀이로 이어지기도 한다. 또한 그들은 두려움과 불안한 마음을 갖기도 하고, 때로는 자기 파괴적인 행동을 감행하기도 한다.

어떻게 이러한 복잡한 감정을 느끼는 가족을 도울 수 있을 것인가? 중요한 것은 그들로 하여금 슬픔을 표현할 수 있도록 돕는 것이다. 마음껏 울고, 소리치고, 이야기할 수 있는 환경을 만들어 주어야 한다. 또한 지지 그룹처럼 같은 경험을 한 사람들과의 교류도 중요하다.

무엇보다 그들의 이야기를 들어주는 것이 중요하되, 어설픈 위로의 말은 삼가는 것이 좋다. '시간이 흐르면 좋아질 것이다', '다른 가족을 생각해서 강해져야 한다', '(죄책감을 느낄 때) 그렇게 생각할 필요 없다', '그래도 아직 감사할 일들이 있다' 등이 바로 그러한 예이다. 그냥 무조건 들어주어라. 그러면 가슴 아픈 사연과 감정을 다 토로하고 난 뒤에 '이야기를 들어주어서 고맙다'고 말할 것이다. 그것이 그들에게 정말 필요하다.

물론 자살은 예방이 중요하다. 그렇지만 어떻게 자살을 방지할 것인가와, 어떻게 남은 가족을 돌볼 것인가도 함께 관심을 가져야 할 중요한 문제이다. 그들이 슬픔의 과정을 잘 겪고, 사랑하는 사람의 죽음을 이해하고, 받아들이고, 의미를 찾을 수 있도록 도와야 한다. '자살하면 지옥 간다'는 기독교의 논리에 사로잡혀 자살한 사람과 가족을 이상한 눈초리로 바라보거나 죄인 취급할 것이 아니라, 자살한 사람도 하나님이 사랑하고 긍휼히 여기는 사람임을, 또한 가족도 슬픔을 표현할 권리가 있음을 인지해야 할 것이다.

2013년 4월, 헐리우드에서 열린 ADEC(Association for Death Education and Counseling) 국제 컨퍼런스에 4일 간 참석하였다. 그 중에 '자살한 가족을 위한 슬픔치유 상담'이라는 제목의 강의가 참 인상적이었다. 강의 중 강사는 '여기 있는 분들 중 가까운 사람이 자살한 경험이 있느냐?'는 질문을 했다. 놀랍게도 그곳에 모인 30여 명 중 절반 가량의 사람이 손을 들었고, 자신의 부모, 형제자매, 친구의 자살 사례를 이야기하였다. 그 중 한 여성은 고등학교 시절 언니의 자살에 관해 이야기하며 눈물을 글썽였다. 상담가로 활동하고 있는 그녀는 그동안 언니의 몫까지 더 열심히 살려고 노력해 왔다고 한다.

이렇게 가까운 사람의 자살을 경험한 사람은 자살방지를 위한 운동에 참여하거나, 상담사가 되어 같은 경험을 한 사람의 슬픔치유를 위해 활동하는 경우가 있고, 이것을 계기로 다른 의미 있는 활동을 하는 예도 많이 있다. 학교폭력 예방, 청소년 상담, 인권회복운동, 혹은 다양한 봉사활동 등을 통해 사랑하는 사람의 죽음이 헛되지 않도록 평생을 애쓰는 사람들도 있다. 이들의 활동을 지지하고 격려하는 일 또한 그들이 겪는 삶의 아픔을 나누고 슬픔을 위로하고, 건강한 삶을 살아가도록 도울 수 있는 귀한 일이 될 것이다.

자살 유가족을 돕기 위한
가이드라인

"자살 유가족을 돕기 위해 알아야 할 것이 무엇인가요?"

이러한 질문은 정신건강 분야에 종사하는 많은 전문가들이 종종 받게 되는 질문이다. 물론 이에 대한 훈련을 받은 사람이나 전문가들이 효과적인 도움을 줄 수 있다. 하지만 사실 반드시 전문가일 필요는 없다. 중요한 것은 돕고자 하는 마음과, 다른 사람의 슬픔과 고통을 들어줄 수 있는 마음의 준비이다. 이것이 비전문가뿐 아니라 심리상담가들에게 있어서도 핵심적인 가치이다.

- 먼저 알아야 할 것은 어떤 문제를 해결하려고 해서는 안 된다는 것이다. 다시 말해 꼭 답을 줄 필요는 없다는 것이다. 사실 다음과 같은 말은 꼭 도움이 되는 말이 아니다.

  "어쩌면, 이렇게 해보는 것이 더 좋을 거예요."

  "다른 자녀들을 위해서 용기를 내세요."

  "맘껏 우세요."

  "울지 마세요."

이러한 전형적인 위로의 말은 사실 적합하지 않을 때가 많다. 자살 유가족은 자신 스스로 답을 찾아가기 위한 도움이 필요하다.

- 두 번째로 알아야 할 것은 자신의 경험적 의미는 자기 변경적이라는 것이다. 어떤 것의 의미는 변할 수 있다. 자살은 초기 비난의 대상으로 보여질 수 있지만, 한편 생각을 달리 해보면, 이는 어느 누구도 어떻게 할 수 없는 질병의 결과로 볼 수 있다. 이러한 관점에서 자살을 이해하면, 유가족에게 죄책감과 고통이 덜 할 수 있다. 변화는 자기 스스로 개선하고자 할 때 이루어진다. 이러한 기회가 되었을 때, 더 좋은 의미를 만들기 위해서는 적합한 감정적인 분위기가 조성되어야 한다. 좋은 도움이란 이러한 기회를 제공하는 것이며, 이는 유가족이 자기 스스로 유익한 답을 찾는 데 일조한다.

- 세 번째로 알아야 할 것은 잘 듣는 것이 잘 말할 수 있는 기회를 제공한다는 것이다. 잘 말할 수 있도록 돕는 것은 자신이 겪은 사건이 의미하는 바가 무엇인지 초점을 맞출 수 있도록 돕고, 또 다시 집중할 수 있게 만든다. 편안한 환경 안에서 집중해서 생각하는 것은 변화를 창출하는 데 도움이 된다. 유가족이 말하게 된다는 것은 일어난 일을 이해해 가고 의미를 부여하기 위한 하나의 과정이다. 이렇게 말이 필요한 사람들에게 가장 좋은 도움은 잘 들어주는 것이다.

- 잘 들어주기를 위한 몇 가지 규칙이 있다. 새로운 정보, 관점, 통찰은 의미를 찾는 데 도움이 된다. 하지만 그것을 꼭 외부로부터 얻을 필요는 없다. 잘 들어주는 것의 목적은 사람들이 이미 자기 내면에 잠재적으로 알고 있는 것에 더 집중할 수 있도록 돕는 것이다. 듣는 사람은 그것이 뭔지 알지 못해도 된다. 내

면에 자리한 정보가 놀라고 두렵게 할 수 있기 때문에 스스로 인정하고 받아들이기를 꺼리게 될 수 있다. 잘 듣는다는 것은 바로 이미 알고 있는 사실을 인지하고 받아들일 수 있도록 안전하고 평안한 분위기를 조성해 주는 것이다. 듣기 위한 좋은 태도를 유지하고, 들은 말을 다시 반복해서 말해 주고, 이해한 것과 이해하지 못한 것을 솔직히 말해 주는 것이 필요하다. 때로는 이야기를 듣고 난 후 감정을 말해 주는 것도 필요하다.

- Christopher Lukas and Henry M. Seiden. *Silent Grief: Living in the Wake of Suicide*. Revised Ed. (Philadelphia: Jessica Kingsley Publishers, 2007), 133-34.

기독교와
죽음

　　　　　　　　　　　　　15년 전, 서울에 있는 교회에서 부목
사로 있을 때이다. 저녁 9시 쯤 심방전도사님으로부터 전화가 왔다. 심
방전도사님의 아버지가 중환자실에 입원해 있는데, 오늘 중에 돌아가
실 것 같다면서 병원으로 와 주기를 부탁하였다.

　병원 중환자실 앞에는 가족과 몇몇 교인들이 함께 있었다. 한 장로
교회의 장로로 시무 중인 전도사님의 오빠와 전도사님이 내게 한 가지
부탁을 했다. 기독교를 받아들이지 않은 아버지께서 돌아가시기 전에
예수를 영접할 수 있도록 도와 달라는 것이었다. 자녀들은 전도사와
장로로 교회의 중추적인 역할을 하고 있었지만, 아버지는 기독교인이
아닌 유교적인 가치관을 가지고 평생 살아오셨던 것이다.

　이제 마지막 생의 끝에 서서 예수를 영접하기를 바라는 가족의 마
음이 너무나 간절했다. 나는 홀로 중환자실에 들어가서 그들의 아버지

를 만났다. 내 소개를 하고 대화를 시도했다. 하지만 그분은 나의 이야기에 제대로 대답하지 못할 정도로 상태가 좋지 않았다. 나는 자녀들의 바람을 이야기해 드리고, 예수를 믿고 구원에 이르는 길을 설명했다. 그리고 예수를 믿으시겠냐고 물었다. 대답이 없었다. 대신 내게서 몸을 돌려 누었다. 그것이 대답인 듯했다.

당시 나는 죽어가는 영혼을 하나님께로 인도해야 된다는 마음보다 전도사님과 가족의 부탁을 들어주어야 한다는 의무감이 더 컸던 것 같다. 그래서 다른 방법으로 접근해 보았다. 자녀들의 마지막 간절한 소망이라도 들어달라고 부탁하였다. 혹시 말하기가 힘들어서 그렇다면 고개를 끄덕여 달라고 했지만 전혀 움직일 기미가 보이지 않았다. 나는 더 이상 대화가 힘들다는 것을 깨닫고 중환자실을 나설 수밖에 없었다.

집으로 돌아와 잠을 자고 있을 때였다. 새벽 1시쯤에 다시 전도사님으로부터 전화가 왔다. 아버지가 돌아가실 것 같은데 한 번 더 와서 예수를 영접할 수 있도록 도와달라는 것이었다.

다시 병원으로 갔다. 전도사님의 아버지는 조금 전과 비슷한 상태였다. 정말 이것이 마지막 순간이 될 수 있다는 생각에 속으로 간절히 기도하였다. 기적 같은 일이 생기기를 바라면서 그분에게 천천히 또박또박한 목소리로 예수를 전하였다. 역시 아무런 응답이 없었다.

이렇게 그냥 중환자실을 나가자니 마음이 무거웠다. 한 가지 생각이 떠올랐다. 어차피 환자는 오늘을 넘기기 힘들고, 이 중환자실에는 그분과 나밖에 없고, 환자는 말하기도 힘든 상태이며, 아무도 우리의 대화를 알지 못하는 상황이다. 그렇다면 중환자실을 나서면서 가족에게 그가 예수를 영접하였다는 말만 하면 모든 문제가 해결될 듯싶었다. 살짝 거짓말을 하면 가족은 기뻐할 테고, 장례식은 구원받은 아버지의 천국환송예배로 치러질 것이다.

나는 큰 고민에 빠졌다. 어쩌면 이것이 가족이 내게 원하는 말이었을지도 모른다. 가족도 평생 전도하지 못했는데, 젊은 부목사가 마지막 순간에 전도할 수 있으리라 믿고 부른 것은 아닐 수 있다는 생각이 들었다. 혹시 목사의 거짓말을 원한 것인지 그런 생각마저 들었다.

어떻게 해야 할 것인가? 결정하지 못한 채 중환자실을 나서지 못하고 있었다. 예수를 영접했다고 거짓말하고 평생 함구하며 살 것인가? 실망이 되더라도 진실을 말해야 하는 것인가? 중환자실을 나왔다. 그리고 전도사님에게 죄송하다고 하였다.

그분의 장례식 집례는 선배 부목사님이 하였다. 나는 어떻게 설교할지 궁금해 하며 귀를 기울였다. 아마 참여한 모든 사람들도 나와 같은 마음이었을 것이다. 예수를 믿지 않고 돌아가신 분의 장례와 설교는 어떨까? 역시 예수를 믿고 천국에 갔다는 말은 나오지 않았다. 대신 어려운 시기를 보내며 일군 그의 평생의 삶에 대한 가치와 아들 딸을 훌륭히 키운 아버지에 대한 찬사가 주된 내용이었다. 당시 힘들게 설교하던 선배 목사님의 모습이 지금도 떠오른다.

모두에게 미안한 마음이 컸다. 차라리 예수를 영접했다고 거짓말을 할 걸 그랬나 싶은 생각에 한동안 사로잡혔다. 하지만 이미 지난 일이었다. 진실을 말했던 것을 통해 서로 불편한 마음이 있었지만, 가족과 성도는 이러한 과정을 통해 뭔가 깨닫는 것도 있었을 것이라 생각했다. 또 다시 그런 기회가 온다면 어떻게 할 것인가?

기독교는 예수를 믿고, 그를 주로 고백하는 자는 구원을 얻고 천국에 이른다는 기본적인 원리를 가르치고 있다. 하지만 평생 예수를 믿지 않고 살다가 죽어 가는 순간에 고백하는 사람에게도 이와 같은 원리가 적용되는 것인가? 기독교에서는 십자가상의 강도가 예수님께 "하나님 나라에 가실 때 나를 기억해 달라"는 부탁에 "너는 나와 함께 낙원에 있으리라"고 하신 예수님의 말씀은 이를 근거로 삼고 있다.

이같이 흉악한 범죄를 지은 사람이나 예수를 믿지 않던 사람도 마지막 순간에 예수를 믿고 고백하면 천국에 갈 수 있다는 논리이다. 정말 그런 것일까? 평생 살아온 삶이 중요한 것이 아니라 죽음에 다다른 순간의 고백이 더 중요한 것인가? 예수를 믿는다고 하면서도 삶에서 보여준 모습이 불신자보다 더 악한 사람은 어떻게 되는 것인가? 단지 예수에 대한 입술의 고백이 천국과 지옥을 가르는 중대한 잣대인 것일까?

한 종교 분포에 대한 여론 조사에 따르면, 세계 인구 71억 명 중에 기독교(개신교, 가톨릭, 동방정교, 성공회)의 인구는 22억 가까이 된다. 하지만 이슬람교(16억 명), 힌두교(9억 명), 불교(5억 명)와 종교를 표방하지 않는 19억 명의 인구를 포함하면, 2/3 이상이 예수를 믿지 않는다. 죽은 후 이들은 어떻게 되는 것인가? 저들을 위해 지옥이 예비되어 있는 것인가? 예수를 모르는 원시의 땅에서 태어나 죽어간 사람들은 또 어떻게 되는 것인가?

이에 대한 논의를 하자면, 아마 예수를 알기 이전의 우리 선조는 죽은 후 어떻게 되었을까?하는 소위 '이순신 장군' 혹은 '세종대왕' 논쟁으로 이어질 것이다. 이들은 예수를 몰라서 안 믿었던 것이니 하나님도 살짝 눈감아 주실 것인가? 사실 로마서 1장에 나와 있는 "보이지 않는 신성이 만물에 분명히 드러나 있어 핑계치 못할 것이다"라는 구절도 이러한 논쟁에 있어서 구체적인 실마리가 될 수 없다. 이는 또 다른 논쟁거리를 양산할 뿐이다. 이것은 매우 복잡한 문제이며, 어느 누구도 선명한 대답을 줄 수 없다. 오직 죽은 자만이 대답할 수 있을 것이다. 이러한 문제는 인간의 영역을 떠난 문제임이 분명하다.

이러한 신학적인 문제는 뒤로하고 당시 상황을 기억해 보면서 보다 중요한 것을 깨닫게 되었다. 나는 전도사님의 부탁대로 그녀의 아버지가 예수를 영접하도록 설득하는 데에만 너무 신경을 썼던 것 같다. 오히려 가족의 마음을 위로하고, 가족 간에 화해를 이루도록 돕고, 마지막 세상을 떠나는 길에 좋은 작별의 시간을 가질 수 있도록 권면하는 일에 더 시간을 할애했어야 했다. 생각해 보라. 유교적 가치관으로 평생 살아온 아버지, 전도사가 된 딸, 장로가 된 아들. 이들 가족이 살아오면서 종교적인 가치와 가르침의 차이로 인해 겪었을 만한 일들이 적잖이 있었을 것이다.

가장 큰 문제가 제사였을 것이고, 서로 다른 기대 때문에 사소한 다툼도 있었을 것이고, 교회 일로 인해 가족 행사에 빠지는 일도 많았을 것이다. 이는 한 가정 안에 다른 종교를 가진 가족 사이에서 종종 벌어지는 일이다. 많은 비기독교인이 기독교인의 이율배반적인 행위를 보면서 교회에 대한 부정적인 생각을 갖는 것이 사실이다.

기독교의 가장 중요한 가치는 아들을 죽기까지 내어주시며 보여주신 하나님의 사랑과 예수 그리스도의 사랑의 실천에 있다고 믿는다. "누구든지 예수를 믿는 자는 구원을 얻으리라"고 하신 말씀은 단순히 입술로만 믿는다고 고백하는 것이 아닌, 예수가 보여주신 그 사랑을 이 땅에서 살아가는 동안 실천하는 것을 포함한다고 믿는다. 이는 다른 사람들과의 화해와 평화를 이루는 일에 참여하는 것이며, 특별히 삶의 기반이 되는 가정에 속한 가족과의 사랑과 화평을 좇는 삶이 되는 것이다.

죽음이 가까워지는 순간, 어떤 사람에게는 예수를 믿느냐 믿지 않느냐가 매우 중요한 이슈로 다가올지도 모르겠다. 하지만 그것보다 더 중요한 것은 한 사람이 살아온 삶의 가치를 존중하고, 삶에 있어 가장 소중히 여겨왔던 가족과의 마지막 시간을 의미 있게 보내는 것이라고 믿는다. 그렇게 보내는 시간은 죽어 가는 사람과 살아있는 사람들이 서로에게 줄 수 있는 마지막 선물의 시간이다. 그 어느 곳에서도 배울 수 없는 삶과 죽음에 대한 깨달음의 시간이 될 것이다.

내게 다시금 이러한 상황이 생긴다면, 가족이 죽어가는 환자에게 구원의 문제를 논하기보다 마지막 사랑과 정성을 쏟도록 돕는 일에 더 중점을 두는 것이 목회적인 돌봄이라고 할 것이다. 그 순간이 어쩌면 하나님의 임재하심을 경험하는 거룩한 순간이고, 화해와 변화를 이끌 수 있는 힘이 될 것이다. 또한 '예수천당 불신지옥'의 단순한 논리를 넘어서는 사랑의 하나님과의 초월적인 만남이 이루어지는 은혜의 시간이 될 줄 믿는다.

좋은 애도를 위한
전략

1. 상실이 일어났다는 사실과 그 빈자리를 안고 삶을 지속해야 한다는 사실을 지속적으로 자기자신에게 말하라. '죽음'이라는 말을 사용하는 것을 피하지 말라.

2. 당신에게 위로와 힘이 되는 다양한 의례를 활용하라. 장례뿐 아니라 가족만의 고유한 추모 의례나 추모 활동을 만들어 보라.

3. 목회자와 신앙공동체 혹은 신뢰할 만한 친구들에게 도움을 구하라. 정기적인 방문을 요청해도 좋고, 감정이 힘든 시기라고 할지라도 언제든지 마음의 문을 열어라.

4. 혼자 있게 되는 것을 두려워 마라. 좋은 애도를 위해 혼자 있는 시간은 꼭 필요하다. 일상의 삶과 사람들로부터 떨어져 자신의 감정과 생각을 정리하고 충전할 시간이 필요하다.

5. 당신의 감정, 생각, 행동을 지속적으로 확인하고, 변화를 평가해 보라. 가령 1-5 스케일을 이용하여, 자신의 슬픔, 분노, 두려움 등의 감정이 어느 단계인지를 확인하면, 자신을 객관적으로 평가하고 이해할 수 있게 된다.

6. 상실에 적응하기 위해 필요한 변화를 인지하고, 우선순위를 매기라. 하지만 너무 급한 변화를 추구하는 것은 바람직하지 못한 방법이다. 그렇기에 한 두 가지 꼭 필요한 변화를 우선시하는 것이 좋다.

7. 애도를 위한 자신만의 장소를 마련하라. 가까운 집이나 교회, 바닷가나 호숫가 같은 장소일 수 있고, 특정한 장소에서의 낚시, 등산, 하이킹 등의 활동도 될 수 있다.

8. 새로운 기회, 관심, 역할, 관계, 목표 등이 줄 수 있는 유익함을 생각해 보라. 상실을 통해 때로는 새로운 변화를 추구할 수 있다. 삶의 새로운 가치와 의미 방향 등을 깨달을 수 있다. 또한 새로운 삶의 헌신을 가져올 수 있다.

9. 당신은 자신만의 구별된 방법으로 애도하게 될 것이라는 사실을 상기하라. 모든 사람은 각기 자신만의 방식으로 애도한다. 다른 사람과 비교할 필요가 없다.

10. 하나님에 대한 신앙을 더 깊이 하도록 노력하라.

- Cole, Allan Hugh Jr. *Good Mourning: Getting Through Your Grief*. Louisville: Westminster John Know Press, 2008.

PART

7

죽음과 의례

죽어가는 환자에게 마지막 사랑과 정성을 쏟도록 돕는 일에
더 중점을 두는 것이 목회적인 돌봄이라고 할 것이다.
그 순간이 어쩌면 하나님의 임재하심을 경험하는 거룩한 순간이고,
화해와 변화를 이끌 수 있는 힘이 될 것이다.

Do not be afraid of crying

의례란
무엇인가?

아버지가 돌아가신 지 24년이 지났다. 그런데도 매년 추모예배를 드릴 때가 되면 아직도 뭔가 지워지지 않는 가슴 속 슬픔을 발견하게 된다. 평소 아버지를 생각하지 않고 지냈던 죄송함에서 나온 자책감일 수 있고, 형식화된 기독교의 추모예배가 뭔가 부족하다고 느껴지는 마음 때문일 수 있다.

아버지의 영정사진과 두 촛대를 올려둔 작은 상을 거실의 중심이 되는 텔레비전 앞에 놓고, 예배의 형식에 따라, 찬송, 기도, 성경, 말씀, 그리고 고인에 대한 추억을 나눈 뒤 가족을 위한 기도, 그리고 주기도문으로 마쳐지는 추모예배는 가족의 마음을 어루만지기에 충분치 못하다는 생각이 들곤 한다. 게다가 가족이 추모예배에 참여하는 모습이 수동적이며, 뭔가 정성스럽지 않다는 느낌도 들었다. 전통적인 제사를 드렸더라면 더 잘 준비하여 참여했을까? 하는 생각마저 들게 된다.

그래서 때론 전통적인 제사와 추모예배를 비교하면서 어떻게 하면 보다 나은 추모예배를 드릴지 생각했었다. 먼저 들었던 생각은, 집안에서 드려지는 추모예배는 우선 공간의 분리가 필요하다는 것이다. 같은 공간이지만 의례를 드릴 때는 일상적인 공간과 의례적인 공간을 분리하기 위해서 병풍을 두었던 옛 선조의 지혜를 깨닫게 되었고, 제사상을 차리고, 절을 하고, 술잔을 따르는 등 일련의 의례적인 상징적 행동은 제사를 드리는 사람의 마음가짐과 의례를 의례답게 만드는 요소임을 알게 되었다.

그렇다고 제사를 옹호하는 것은 아니다. 기독교인의 조상 제사에 대한 문제는 끊임없이 논쟁이 되어왔다. 교회에서는 제사를 금지해 왔기 때문에 제사 문제로 인해 가족이 갈라서는 일까지 벌어졌다. 전통적으로 추석, 정월 초하루, 그리고 기일에 드려지는 제사를 대치하기 위해 교회에서는 명절 때마다 가족예배 예문을 배포하는 노력도 해왔다.

하지만 이러한 예문으로는 기독교인이 아닌 가족과는 함께 할 수 없었다. 또 다른 문제는 이러한 추모예배 예문은 조상 제사를 대치한 것이기 때문에 부모보다 앞서 세상을 떠난 자녀는 제사의 대상에서 배제된다. 즉 자녀를 잃은 부모들의 슬픔을 달랠 수 있는 공식적인 의례는 없다는 것이다.

각당복지재단 〈삶과 죽음을 생각하는 회〉에서 연구실장으로 일할 때 '자녀를 앞서 보낸 분들을 위한 공동추모제'를 진행한 바 있다. 자녀를 앞서 보낸 분들은 이루 헤아릴 수 없는 아픔과 슬픔을 안고 살아간다. 더구나 그들의 마음을 더 아프게 하는 것은, 한국 유교의 관습에 따라 먼저 간 자녀를 기릴 수 있는 제대로 된 의례가 없다는 점이다. 그래서 이런 분의 슬픈 마음을 치유하고자 각당복지재단에서는 매년 공동추모제를 연다. 그리고 많은 분들이 이 추모예식을 통해서 마음의 위안을 얻는다.

추모제에 참여한 어떤 분은 30여 년 전에 잃은 어린 딸을 추모하기 위해 왔다. 빛바랜 사진 한 장을 들고 온 이분은 유교적인 전통 때문에 그동안 단 한 번도 딸을 위한 추모예식을 드리지 못했다고 고백하였다. 그래서 그분에게는 공동추모제가 딸을 위해서 지낸 첫 번째의 추모의례였다고 한다. 추모제가 시작되기 전에 참여한 슬픔치유 세미나, 그리고 꽃과 초, 시와 음악이 조화된 공동추모제를 통해 30년 전 잃은 딸을 추모하며 위안을 얻은 그분은 감격과 슬픔이 담긴 눈물을 쏟아냈다.

이렇듯 잘 짜여진 추모의례는 그저 형식적인 예식이 아니라 치유를 뒷받침하는 하나의 메커니즘이라고 믿는다. 한국 기독교는 조상 제사의 형식적인 면만 예배의 형식으로 대치한 예문을 제공할 것이 아니라, 그 밑바탕에 깔린 사상까지 넘어서는 보다 포괄적이며 의례 참여자들의 마음도 어루만지는 치유적인 의례를 만들기에 더 힘을 써야 할 것이다.

의례란 무엇인가? 우리가 인식하던 못하던 간에, 오늘날 우리는 태어나면서부터 시작하여 인생의 전 과정을 의례(Ritual)와 더불어 살고 있다. 로날드 그림스(Ronald Grimes)는, 의례는 모든 사회적으로 형식화된 행동을 포함한다고 말한다. 가령 악수를 하는 것과 인사를 나누는 형태. 즉 일상의 삶에서 서로 그렇게 하리라고 암묵적으로 기대하고 행하는 일련의 행동도 엄밀한 의미에서 의례라는 것이다. 또한 공식적인 의식(Ceremony)이나 개인적인 축하연(Celebration), 종교적인 의식(Liturgy)도 의례에 포함된다고 말한다.[14]

더 나아가 탐 드라이버 (Tom Driver)는 의례를 의례화(Ritualization)라는 것과 구분하여 사용한다. 의례가 '이미 존재하는 것'에 초점을 두는 것이라면, 의례화는 '새로운 형태를 만드는 것'에 초점을 둔다. 드라이버는 '의례는 의례화로부터 시작된다'고 말한다. 그가 이야기하는 의례화의 의미는, 의례는 죽어 있는 옛 형태가 아니라, 지금도 살아서 움직이는 역동적인 것이라고 강조점을 두는 것이다.[15]

드라이버는 지적하기를, 오늘날 많은 개인과 공동체가 의례에 대한 인식이 부족하다고 한다. 하지만 그러한 인식의 부족에도 불구하고 개인의 삶 속에서 어떤 변화와 성장, 위로와 치유가 필요한 순간을 맞이하게 될 때, 의례는 사람들의 삶 속에 깊숙이 연관되어 있다고 말한다. 돌, 성인식, 결혼식, 임관식, 장례식 등이 그러한 예이다. 가령 결혼식이 없는 결혼은 합당한 결혼으로 인정되지 않는다. 또한 목사 안수식 없이 목사가 될 수 없다. 다시 말해 의례 없이 이러한 삶의 중요한 순간의 변화도 일어나지 않는다는 말이다.

그래서 드라이버는 '의례를 잃어버리는 것은 길을 잃는 것'이고, 또한 '의례를 만드는 것은 길을 만드는 것'이라고 말한다.[16] 특히 삶의 역동적 시기에 있어서 의례는 사람들에게 안정감을 주는 역할을 하기도 한다. 일찍이 통과의례를 제정한 반게넵(Van Gennep)은 의례의 목적은 사람들로 하여금 '안전한 항해'를 하게 하고 '평범한 일상'으로 복귀하도록 돕는다고 했다.

몇 년 전, Methodist Hospital(Arcadia, CA)에서 채플린 인턴십을 할 때 있었던 일이다. 24시간을 대기해야 하는 온콜(On-call)을 하던 날 새벽이었다. ICU(중환자실)에서 전화가 왔다. 얼른 중환자실로 가는데, 대기실과 문 앞에 20여 명의 환자 가족이 있는 것을 보았다. 안으로 들어가 간호사의 설명을 들어보니, 환자는 이미 숨을 거둔 상태인데 조금 전에 대화하던 환자가 죽었다는 사실을 믿을 수 없다며 가족들이 밖에서 진을 치고 기다리고 있다는 것이다. 그러면서 내게 환자의 죽음을 알리고, 가족들이 집으로 돌아갈 수 있도록 도와달라고 했다. 나는 환자가 가톨릭 신자라는 말을 듣고, 가톨릭 예문과 성유(Anointing Oil)를 준비하고 가족 모두 환자의 방으로 들어오라고 했다. 그들은 환자의 죽음이 믿기지 않는 듯 손과 발을 붙잡고 엉엉 울고 있었다.

나는 현재의 상황을 설명하고, 환자는 이미 돌아가셨으니 환자의 마지막을 보내기 위한 의례를 행하겠다고 말했다. 그리고 예문을 읽고,

기도하고, 각 가족이 성유를 환자의 이마나 손에 바르게 하며 작별 인사를 하도록 도왔다. 주기도문으로 의례를 마치자 몇몇은 그 자리에 남고, 대부분의 가족은 집으로 돌아갔다.

여기서 의례의 중요성에 대해 다시금 깨달았다. 의례를 통해 그들은 환자의 죽음을 인식하고 인정하게 된 것이다. 이렇듯 의례는 드라이버의 말처럼 우리로 하여금 일상의 삶을 지속시키도록 할 뿐 아니라 삶의 어두운 순간에 길을 찾도록 안내해 주는 역할을 한다.

더 나아가 드라이버는 '의례는 상황을 변화시키도록 디자인된 도구'이며, 우리는 의례 없이 다른 레벨로 한 단계 더 나아갈 수 없다고 말한다. 다시 말해서 의례의 중요한 기능은 변화(Transformation)이다. 개인적인 삶뿐 아니라 사회적인 상황 속에서 의례는 그러한 중요한 변혁적인 역할을 한다. 하지만 치유와 변혁의 힘을 가진 의례는 오늘날 힘이 없고 정형화된 의례 속에 갇혀 무시당하거나 그 힘을 제대로 발휘하지 못하고 있는 느낌이다.

『메멘토모리: 죽음을 기억하라』의 저자 김열규 교수는 한 고층 아파트에서 줄을 묶어 내려오는 방식으로 운구하는 것을 목격하고는 기겁을 했다고 한다. 거룩해야 할 의례가 인간의 편리함 앞에 그 본질을 잃어가고 있다는 증거이다. 의례는 인간의 삶과 깊이 연관되어 있으며, 의례를 잃어버리는 것은 길을 잃는 것뿐 아니라 우리 삶의 가치와 의미마저 잃어버리는 것이다. 의례는 그 본질을 간직한 채 늘 새롭게 의례화되어야 한다. 매일 같은 의례를 하더라도 그것은 똑같은 의례를 반복하는 것이 아닐 것이다. 오늘 우리들의 삶이 내일의 삶과 똑같을 수 없기 때문이다.

추모를 위한
개인과 가족 의례

공식적인 장례 절차가 끝난 이후 개인적 의례를 갖는 것은 슬픔을 극복하고 사랑했던 사람의 기억을 간직하고 의미를 부여하는 데 큰 도움이 된다. 아래는 삶 속에서 실행해 볼 수 있는 개인적인 의례의 예이다.

- **촛불 밝히기** 사랑했던 사람의 생일, 기념일, 어버이날, 크리스마스, 추석 등에 초를 밝혀 놓는다. 특별히 가족이 함께 모이는 저녁 식사 시간이나 특별한 시간을 정하고, 추모를 위한 특별한 초와 촛대를 사용한다.
- **묘지 혹은 특별한 장소 방문** 묘지 방문도 좋고, 특별히 추억할 만한 장소 또는 고인이 즐겨 찾았던 장소나 좋아했던 식당에서 가족과의 식사도 좋다.
- **일기쓰기** 상실 이후에 겪는 매일의 삶의 이야기를 고인에게 이야기하듯이 쓰는 것이 도움이 된다.
- **편지쓰기** 특별히 고인에게 하고 싶었으나 하지 못했던 말을 편지 형식으로 작성해 본다.
- **스크랩북 만들기** 가족과 함께 사진이나 추억할 만한 글, 그림 등을 모아 스

크랩북을 만들어 본다.

- **고인이 못다한 일 이루기** 고인이 하고 있었던 봉사활동이나 중단된 작업 등을 완성하는 것도 도움이 된다.

- **다른 사람 돕기** 병원이나 호스피스에서 자원봉사 활동을 통해 같은 어려움을 겪는 가족에게 도움을 주는 것은 자신의 치유에도 도움이 된다.

- **기부 활동** 고인이 평소 관심있었던 사회단체 혹은 선교단체에 기부금을 내거나 고인의 이름으로 장학금을 기탁할 수 있다.

- **자신만의 공간 만들기** 자신의 감정을 표출하거나 다스리기 위해서 자신만의 안전한 공간이 필요하다. 산, 바다, 강, 호수 등과 같은 야외나 교회의 예배실/기도실도 좋다.

- **종교적인 의례와 활동에 참여하기** 예배와 교회에서의 봉사활동은 삶에 의미를 부여할 뿐 아니라 개인적인 말씀묵상과 기도를 통해 슬픔을 극복하는 데 도움이 된다.

- **1주기 추모예배** 고인의 1주기 추모예배는 틀에 박힌 예배 형식이 아닌 특별한 의미를 담을 수 있는 개성화된 디자인이 필요하다. 가족과 친지, 친구 등을 초대하고, 규모에 따라서 장소를 정할 수 있다(가정, 교회, 회관).

치유와
회복을 위한
의례

2013년 7월, 미국 로스앤젤레스에서 역사적인 행사가 있었다. 로스앤젤레스 카운티의 글렌데일(Glendale) 시가 시립도서관 내에 위안부 소녀상을 건립하기로 결정하고, 제막식을 거행한 것이다. 이 위안부 기림비의 제막을 앞둔 전날, LA에 위치한 톨러런스 박물관(Tolerance Museum)에서는 위안부 생존자이신 김복동 할머니를 모시고 증언을 듣는 시간이 있었다.

나는 이 행사에 참여하기 위해 미리 예약하고는 클레어몬트에서 함께 공부하고 있는 선배와 함께 이곳을 방문하였다. 행사장은 많은 사람들로 붐볐고, 예약을 못한 사람들은 자리가 나기만을 밖에서 기다리고 있었다. 당시 보수적 성향의 일본인들이 대거 예약해서 이 행사를 방해하려고 한다는 소문도 있었지만, 행사장에 모인 사람들은 한국인이 1/3 정도였고, 나머지는 대부분 미국인이었다.

행사장으로 향하기 위해 엘리베이터를 탔는데, 한 미국인 할머니가 같이 타게 되었다. 그녀는 내게 한국인이냐고 물으면서 자기는 한국에서 이러한 끔찍한 사건이 일어났는지 모르고 있었다고 했다. 잠깐이지만 이분에게 한국의 아픈 역사와 일본의 만행에 대해서 설명해 드렸다. 참으로 입으로 말하기조차 참혹하고 치욕스러운 사건이지만, 세계의 많은 사람에게 이러한 역사의 잔혹한 현실을 알려서 전 세계가 일본 정부를 향해 공식적인 사과와 보상을 촉구할 수 있도록 도와야겠다는 생각이 들었다.

행사가 시작되자, 김복동 할머니가 30분 정도 증언하였고, 동시 통역으로 회중에게 전달되었다. 위안부 피해상을 보여주는 비디오 자료가 상영되었으며, 최근 위안부 할머니들의 활동과 매주 진행되는 일본 대사관 앞에서의 수요집회가 소개되었다. 그리고 홀로코스트의 생존자인 할머니 한 분이 김복동 할머니와 만나는 매우 감격적인 순간이 이루어졌다.

그 후 박물관장이 진행한 질의응답 시간이 있었는데, 몇 가지 질문과 답변이 오간 후, 박물관장이 직접 김복동 할머니에게 물었다.

"그동안 어떻게 끊임없이 일본 정부를 향해서 싸울 수 있었는가? 그 원동력은 무엇이고, 희망은 어디에 있는가?"

이에 김복동 할머니는 '그저 많은 사람들이 함께 해주셨기 때문이다'라고 말했다. 이 짧은 답변이 내 마음을 사로잡았다.

김복동 할머니는 22년 동안 비가 오나 눈이 오나 한 주도 빠지지 않고 진행되고 있는 수요집회에 대해서 말했던 것이다. 즉 많은 사람들이 관심을 가지고 참여해 주었기 때문에 오랜 시간이 지나도 지속적으로 싸우고 버틸 수 있는 힘을 얻을 수 있었다는 말이다.

나는 문득 이것이 바로 의례가 가지고 있는 힘이라는 생각이 들었다. 매주 진행된 수요집회는 사람들의 관심과 참여를 이끌었을 뿐 아니라, 이 역사의 깊은 상처를 다른 사람의 이야기가 아닌 우리 모두의 문제로 인식할 수 있도록 이끌어 주었다. 이것이 의례가 지닌 하나의 기능이다. 의례의 기본적인 정의는 반복된 행위이다. 그리고 그 행위 안에는 전하고자 하는 메시지가 담겨 있다.

예를 들면, 매년 지속되는 추모예배는 돌아가신 분을 생각하고, 그분의 삶을 기리는 후손의 반복적인 의식이다. 그것이 예배의 형식으로 진행된다는 것은 하나님께서 허락하셨던 고인의 삶에 대한 감사이며, 고인이 보여주었던 삶의 긍정적인 메시지를 기억하고 오늘 후손의 삶에 긍정적인 지표로 삼겠다는 의지가 담겨 있는 것이다. 물론 이따금 개인적으로 고인을 생각하는 시간도 있겠지만, 이 공식적인 가족의례를 통해서 고인이 기억되고 메시지가 전해지게 된다.

또한 의례는 치유와 회복을 가져다준다. 김복동 할머니는 이제 더이상 단순히 사과와 보상만을 요구하는 피해자가 아니다. 그녀는 자신의 아픔을 간직한 채 비슷한 아픔을 겪는 세계 여성을 돕는 여성인권 운동가로 변모하였다. 생각해 보건데, 22년 동안 매주 집회를 하면서 그분은 여러 순간을 경험했을 것이다. 감정적으로는 일본 정부를 향해 분노를 토로하기도 했을 것이고, 변화되지 않는 그들의 태도에 절망감 도 느꼈고, 집회에 참여한 사람과의 따뜻한 연대를 통해서 기쁨을 느 끼기도 했을 것이다. 또한 이 사회에 산재한 여성의 인권 문제로 인해 함께 아파했을 것이다.

이러한 모든 감정은 수요집회 안에서 표출되었고, 고난 받는 사람들 과의 연대는 격려를 주고받는 자리가 되었을 것이다. 이제 그녀가 가 진 슬픔은 의례가 지닌 치유의 힘 안에서 회복되고, 오히려 역전이 되 었다.

이러한 의례의 기능에 관해서 일찍이 빅터 터너(Victor Turner)는 '리 미널러티(Liminality)'와 '커뮤니타스(Communitas)'라는 개념으로 설명하 였다.[17] 그는 반게넵(Van Gennep)의 세 단계 의례의 과정(분리 separation, 전이 transition, 통합 incorporation) 중에서 전이 과정의 특징인 리미널 (liminal)의 개념을 확장시켰다. 즉 리미널러티는 의례가 진행되는 공간 과 시간 안에서 경험하게 되는 어떤 신비로운 체험이다. 이는 의례 안 에서만 경험될 수 있고, 의례적인 공간 안에서만 허용되는 상징적인 행위를 포함한다.

예를 들면 의례의 종류 중 하나로 분류되는 예전(Liturgy) 혹은 예배를 생각해 보자. '예배'라는 형식 안에 있는 찬양, 말씀, 기도, 헌금 등의 기본적인 요소는 특별히 정해진 시간과 공간 안에서 진행된다. 이 안에서 진행되는 모든 상징적인 행동은 그 공간 안에 있는 사람들에게만 공유되는 거룩한 순간이다. 예배를 통해 일상적인 공간에서 경험되기 힘든 하나님의 현현, 만남의 거룩한 순간, 깨달음과 결단, 그리고 치유와 회복을 체험하게 된다. 이러한 의례 안에서 경험하는 신비로운 체험을 리미널러티라고 말을 하는 것이다.

반면 커뮤니타스는 의례에 참여한 참가자들이 리미널러티 안에서 함께 공유하게 되는 연대의식이다. 빅터 터너는 '커뮤니타스는 리미널러티 안에서 춤을 춘다'고 표현하였다. 이 표현이 록콘서트 장을 떠올리게 한다. 콘서트 장에 참여한 사람들은 서로 잘 모르는 사이지만, 공연을 보면서 함께 눈물 흘리기도 하고, 어깨동무를 하고 뛰기도 하며, 함께 촛불을 밝히기도 한다. 그 일시적이고 제한된 공간 안에서 그들은 일상에서 경험하지 못하는 신기한 체험을 하게 된다. 하지만 그 공간을 벗어나는 순간, 다시금 일상적인 삶의 모습으로 돌아온다.

이러한 리미널러티와 커뮤니타스의 경험은 의례의 단계 중 전이 과정에서 경험하게 된다. 전이 과정 안에서 경험하는 영적인 체험이나 하나님과의 만남은 사람들로 하여금 자신의 삶의 목적과 가치를 생각하게 하고, 흩어졌던 마음을 추슬러 다시금 살아갈 수 있는 힘을 준다. 이러한 영적 체험이 사람들에게 치유를 가져다주는 것이다. 의례의 치유적 기능은 잘 고안된 의례, 즉 예배, 기도회, 영성훈련 등의 기독교적인 의례 안에서 체험되어지고, 장례와 추모의례와 같은 죽음과 관련된 의례에서도 느낄 수 있고, 콘서트나 축제 같은 놀이적인 공간에서도 경험할 수 있다.

특히 치유와 해방으로써의 의례의 역할을 강조하는 로즈메리 류터(Rosemary Ruether) 교수는 여성의례(Feminist Liturgy)가 여러 가지 문제로 고통 받는 여성들을 치유하는 데 큰 도움이 된다고 말한다. 여성의 경험에서 출발한 여성의례는 학대받고, 버림받고, 상처받은 여성을 위한 치유적인 의례이다. 또한 여성의례는 오랫동안 지속되어 온 남성 중심의 형식적인 의례에 대한 비판에서 출발한다. 남성 중심의 사고와 언어에 의해 발전된 기존의 의례는 여성의 삶을 대변해 줄 수 없다는 것이다. 그래서 여성의 아픔을 담아 내고 치유와 해방을 경험할 수 있는 창조적인 의례와 이를 위한 상징과 상징적 행동이 필요하다.

예를 들어 치유적인 의례에서 원 모양으로 둘러서는 것은 참가자들의 평등적인 관계와 신의 현현을 상징한다. 물은 새로운 생명의 탄생과 회복을 상징하며, 불은 이전 것을 끊고 새로운 길로 가기 위한 결단을 상징한다. 꽃은 삶의 생명력으로 상징될 수 있다. 그 외에 악기, 노래, 소리, 몸 동작 등 다양한 상징이 의례 안에서 구성되어질 수 있다. 이와 더불어 시간과 장소, 의례에 쓰여지는 색상의 선택 또한 중요하다.

어느덧 우리 사회에서 촛불과 노란색은 정부와 사회의 부정을 규탄

하는 상징으로 자리잡았다. 세월호 참사의 진실 규명과 정부의 대응을 비판하는 시위가 그렇다. 노란 리본은 처음에는 실종자들의 무사 귀환을 소원하는 마음이 담겨 있었고, 이제는 세월호 참사에 대한 기억과 진실 규명에 대한 염원으로 상징된다. 또한 촛불은 진실을 밝히려는 노력이며, 진실은 꺼지지 않고 침몰하지 않는다는 의미가 되었다.

세월호 참사의 진실 규명과 정부의 대응에 대한 규탄을 위한 시위가 계속되고 있다. 그렇게 사람들이 모이는 한 진실에 대한 염원은 사라지지 않을 것이다. 탐 드리이버는 의례의 기능에 대해 이렇게 말했다.

"의례는 진실을 밝히고 부분적인 진실을 완전한 진실로 바꾸는 힘이 있다."

매주 수요집회가 위안부 문제에 대한 심각성을 인지시키고, 위안부 할머니들의 마음을 위로해 주었던 것처럼, 광화문에 천막이 자리하고, 사람들이 지속적으로 모이는 한 진실을 찾기 위한 집회는 계속될 것이다. 이것은 300명의 무고한 희생을 위로하는 죽음의례 중 하나이며, 진실을 염원하는 많은 사람들의 기도가 담긴 거룩한 의례이다.

성폭행을 당한 여성을 위한
치유 의례

모인 여성들이 원을 만들어 선 다음, 성폭행을 당한 여성이 원의 중앙에 위치한다. 한 사람이 다음 구절을 낭독한다.

"여기 우리는 우리들의 자매인 ○○○가 폭력을 당해 모였습니다. 그녀의 몸과 마음과 영혼이 비통한 상처를 입었습니다. 여기서 우리는 그녀와 함께 슬퍼하고 그녀의 분노로 인해 함께 소리칩니다. 우리는 모두 능욕 당하였습니다. 우리를 둘러싼 가부장적 사회 안에서, 여성에 대한 적개심과 비뚤어진 성(性)의식에 의해 희생당하였습니다. 그것도 가장 극악무도한 형태인 성폭력에 유린당하였습니다. 우리의 마음은 슬픔으로 가득 차 있습니다. 언제 이러한 폭력이 끝날지 모르고, 이미 받은 상처에서 어떻게 회복되어야 할지 모르기 때문입니다. 하지만 우리는 포기하지 않을 것입니다. 우리는 좌절하지 않을 겁니다. 우리는 하고 싶은 것을 하고, 가고 싶은 곳을 갈 자유를 요구하지 못할 만큼 두려움에 떠는 자가 되지 않을 것이며, 위협당하지 않을 것입니다."

두 번째 사람이 낭독한다.

"우리는 상처를 당한 우리의 자매 ○○○를 사랑하며 확증합니다. 비록 그녀가 상처를 입었을지라도 그녀는 완전히 파멸된 것이 아닙니다. 비록 그녀의 존엄성이 손상되었지만, 그녀 본래의 고결함을 잃은 것이 아닙니다. 비록 그녀가 추한 일에 희생되었지만, 그녀는 여전히 아름답습니다. 악이 비록 그녀를 움켜잡았지만, 그녀는 여전히 선합니다. 비록 거짓들이 그녀를 비난하려 할지라도, 그녀는 여전히 진실합니다. 우리는 그녀의 온전함, 진실함, 선함, 순결함, 아름다움을 확증합니다. 우리는 그녀를 그들의 희생자로 만들려고 하는 파괴적이고 추악하며, 폭력적이고 기만적인 강압을 쫓아 버립니다."

이제 성폭력을 당한 여성이 자신의 경험에 관해 뭔가 이야기할 수 있고, 말로서가 아닌 다른 방법으로 침묵을 유지하면서 자신을 표현할 수 있다.

그룹의 사람들이 그녀를 의례를 위한 욕조(ritual bath)로 이끌어준다. 욕조는 허브와 향기로운 꽃잎으로 채운다. 그녀의 몸은 욕조에 담그고, 따뜻한 물줄기로 안마하듯 적셔준다. 몸을 말리고 난 후에는 향기로운 오일을 머리에 부음으로 성별한다. 옷은 화려한 드레스로 갈아입고, 머리에는 세이지 잎으로 만든 관을 쓰고, 꽃과 허브로 만든 부케를 든다. 그리고 다시 원형으로 모인다. 가운데 있는 그녀를 향해 한 사람이 마주서고 말을 한다.

- (그녀의 배에 손을 대고) 당신의 몸에 당한 폭력으로부터, 치유가 있으리라. (모두가 반복한다) 치유가 있으리라.
- (손을 가슴에 대고) 폭력으로부터 받은 마음의 상처에, 치유가 있으리라. (모두가 반복한다) 치유가 있으리라.
- (손을 이마에 대고) 폭력으로부터 받은 정신과 영혼의 고통에, 치유가 있으리라. (모두가 반복한다) 치유가 있으리라.
- (모두 다함께) 태고적 축복의 어머니 영(The Mother-Spirit)이 당신을 감싸고,

당신을 지켜주며, 당신에게 충만하며, 당신을 달래주며, 당신을 사랑하고, 당신이 온전하기를 간절히 바랍니다. 온전하길, 자매여. 온전하길.

만일 성폭력이 그녀의 집에서 일어났었다면, 집 또한 깨끗이 정화되어야 한다. 가해자가 들어왔던 창문이나, 문, 방에 특별히 주목하여 정화 의례를 행해야한다.

- Rosemary Radford Ruether, *Women-Church: Theology and Practice of Feminist Liturgical Communities*. (San Francisco: Harper & Row, Publishers, 1985). 158-159.

죽음준비와

장례식

최근 죽음에 대해 말하는 것을 더 이상 기피해서는 안 된다는 생각이 확산되고 있다. 2014년 세월호 참사가 이를 말하고 있고, 판교 공연장의 환풍구 붕괴 사고는 일상생활 중 언제 어느 때 갑작스럽게 죽음을 맞이하게 될지 모른다는 생각을 하게끔 만들었다.

법적인 논란이 있기는 하지만, 가수 신해철 씨의 의료사고로 인한 사망 소식은 많은 이들에게 큰 충격을 주었다. 사회 곳곳에 잠재되어 있는 참사를 불러일으킬 만한 불안정한 요소와 더불어 이제 국민의 건강을 책임지고 있는 의료 시스템에 문제가 있다는 인식은 국민의 삶을 더욱 불안하게 만들고 있다.

국가가 나의 안전을 지켜주지 못하니 스스로 지켜야 하고, 아파도 안 될 뿐 아니라 어디를 다녀도 늘 조심해야 한다. 나는 매일 밤 아이들을 위해 기도할 때 그들의 건강과 안전을 위해서 기도한다. 이제 하루하루 아무 일 없이 건강하고 안전하게 지낸 것에 대한 감사의 기도가 더 절실하게 느껴질지 모르겠다. 아이, 어른, 노인도 언제 어디에서 어떻게 세상을 떠나게 될지 아무도 모른다. 일 년 반 전에 사임한 교회에서 벌써 장로님 두 분과 젊은 집사님 한 분이 질병으로 하나님 곁으로 가셨다. 그 전만 해도 그리 건강에 큰 문제가 없던 분들이었다.

한번쯤 찾아뵈었어야 할 분들인데, 장례식장 영정사진 앞에 인사를 드려야 하니 참으로 안타까운 마음이 든다. 요즘은 누구를 만나게 되면 간혹 10년이나 20년만에 만나는 사람들이 있다. 여러 가지 사정상 한국에 들어가지 못한 지 9년이 되었으니 가족, 친지, 친구들을 만나지 못한 지 어느덧 10년이 되어 간다. 그 사이에 친척 어른들과 가까운 친구들의 아버님들이 돌아가셨다. 한 번 더 뵙지 못한 것에 대한 아쉬움과 슬픔의 자리에 함께 하지 못한 미안한 마음이 교차되곤 한다.

올 초에 어머니가 칠순을 맞이하였다. 어머니의 칠순 때 한국에 들어가서 칠순 잔치라도 베풀어 그동안 떨어져 살며 못 다한 효도를 해 보려 했으나 나는 여전히 사정상 미국에 있었고, 어머니는 가족과의 조촐한 저녁 식사로 칠순 잔치를 대신하였다. 나는 전화를 통해 어머니에게 죄송한 마음을 전했다. 어머니는 요즘 누가 칠순 잔치를 하냐며 괜찮다고 했다. 그러나 이내 마음이 편치 않았다. 그러면서 나는 삶의 주기에 따른 의례에 대해 생각해 보았다.

과거 회갑연이나 고희연이 단지 무병장수를 축하하며 기리기 위한 잔치였던가? 그렇기 때문에 예전보다 더 장수하는 오늘날 어른들에게는 의미가 없어진 잔치인가? 우리 사회가 고령화 사회로 접어들면서, 60이 넘은 어른도 젊은 사람 취급을 받기에, 잔치한다는 것이 민망하게 느껴질지 모르겠다. 하지만 생각해 보면, 회갑연이나 고희연은 어른들의 건강한 삶을 기리기 위한 잔치만은 아니다. 이러한 잔치는 그동안 만나지 못했던 사람을 한곳으로 모이게 하는 기능을 가지고 있다.

돌잔치와 결혼식도 그렇다. 의미상 돌잔치는 일 년 동안 건강히 자란 아이의 삶을 축복하며, 아이를 키우느라 수고한 부모를 격려하는 자리이다. 결혼식은 공개적인 자리에서 부부가 공식적으로 하나의 가정을 이루었음을 선언하고 축복하는 자리이다. 하지만 초대된 사람들에게 있어서는 오랫동안 만나지 못한 친구들과 친지를 만나는 자리이기도 하다. 한참 결혼식에 자주 다니던 시절을 생각해 보면, '이게 얼마만에 보는 거야?'하며 서로의 안부를 묻던 모습이 떠오른다.

그 당시 어른들이 10년이나 20년만에 서로 만났다는 이야기를 들으면, 자주 좀 만나고 살지 왜 그렇게 못하고 사는지 이해할 수 없었다. 그런데 이제 내 삶이 그러하다. 물론 소셜 네트워크의 발달로 온라인상에서 교류하고 있지만, 서로 바쁜 삶과 물리적인 거리 때문에 실제 얼굴을 맞대고 만나기 어려운 형편인 것이 사실이다. 특히 자녀를 어느 정도 키우고, 경제적인 안정을 추구하며 바쁘게 살고 있는 40대는 옛 친구들이나 친지를 만나는 것이 쉽지 않다.

문득 이런 생각이 든다. 어린 시절, 집에 와서 함께 놀던 친구들을 어머니가 다시 볼 수 있는 기회가 또 있을까하는 것이다. 아마 육순이나 칠순 잔치를 했다면 오랜만에 친구들을 초대하여 얼굴을 마주하였을 것 같다. 하지만 그러한 잔치 자리도 없이 그냥 지나쳤으니 친구들이 어머니를 볼 수 있을 날은 아마 어머니의 장례식 날일 것 같다. 이렇게 생각해 보니 슬픈 마음이 든다. 정작 당사자인 어머니는 장례식에 찾아온 많은 사람들을 만나지 못할 것이기 때문이다.

그렇다. 장례식은 그동안 보지 못했던 사람들을 볼 수 있는 기회가 되겠지만, 누구에게나 똑같이 적용되는 진실은 내 장례식은 내가 볼 수 없다는 것이다. 그러니 평소 자주 만나지 못하는 사람들에게 안부를 전하고, 만남의 시간을 갖는 것이 중요하다는 것을 깨닫게 된다. 특히 건강과 안전이 보장되지 않은 사회를 살아가는 우리들에게 죽음이란 어느 때나 찾아올 수 있는 것이기에 더욱 그러하다. 한치 앞도 예측할 수 없는 삶을 살아가는 우리들은 평소 자신의 주변 사람을 돌아보는 일이 소중한 것임을 알고 있지만, 이를 실천하는 일이 쉽지 않음 또한 인식하고 있다.

건강이 악화되고, 질병이 생기고, 자신의 삶을 마무리해야 할 때라고 느껴질 때는 그동안 만나지 못했던 삶의 소중한 사람들을 떠올리게 된다. 그래서 나는 '미리 하는 장례식'에 대해서 생각해 보았다. 『모리와 함께 한 화요일』이라는 책에서 모리 교수는 심장마비로 세상을 떠난 동료 교수의 장례식에 참석하고 난 후, 장례식장에서 고인에 대한 좋은 추억과 말을 정작 고인이 들을 수 없다는 것에 대한 안타까운 마음이 생긴다. 그래서 자신이 세상을 떠나기 전에 미리 장례식을 하면 좋겠다는 생각을 하게 된다.

모리 교수는 가족과 친지, 친구들을 자신의 살아있는 장례식에 초대하였다. 그는 스스로 장례식을 디자인하고 참석한 이들과 평소 하지 못했던 말과 추억을 나누었다. 가슴 속 깊은 정을 나누는 동안 그들은 함께 울고 웃으며, 언제 닥칠지 모를 이별을 준비하였다. 사람이 죽어가면서 느끼는 두려움 가운데 하나는 자신의 삶의 가치를 인정받지 못할까하는 마음이다. 미리 하는 장례식은 지인의 이야기를 통해, 자신이 걸어온 삶의 긍정적인 모습을 발견하고, 삶의 가치를 인정받을 수 있고, 화해와 회복의 자리도 될 수 있다.

사람이 살아가면서 겪는 모든 통과의례는 자신이 직접 경험하지만, 장례식만은 자신이 살아서 참여할 수 없는 의례이다. 그나마 다행인 것은 살아있을 때 자신의 장례식을 직접 디자인할 수 있다는 사실이다. 오늘날 대부분이 장례식을 병원에서 하지만, 꼭 병원에서 해야 될 필요는 없다. 교회에서 할 수도 있다. 미국에서의 장례식은 병원이 아닌 별도의 장례식장 혹은 교회에서 진행이 된다. 한국에서의 장례식은 조문을 받는 협소한 공간에서 진행되기에 의례적인 공간으로서의 적합성을 재고해야 한다.

한 사람의 평생을 마무리하는 거룩하고 의미 있는 자리가 병원에서 바쁘고 정신없이 치러진다는 것이 죽은 사람과 가족에 대한 예의가 아니라는 생각이 든다. 그러니 미리 하는 장례식의 필요성이 더 절실히 요구된다. 미리 하는 장례식은 집에서 할 수도 있고, 교회의 예배실 혹은 메모리얼 룸에서 할 수도 있다. 꽃과 사진들로 주변을 장식하고, 음악과 시가 있고, 가족과 친구들의 조사도 듣고, 좋아하는 찬송과 노래를 들을 수 있다면 더욱 좋을 것이다. 삶에 대한 감사와 사랑하는 사람들에 대한 고마움을 표현하며 다가올 이별을 준비하는 것이 삶을 마무리하는 하나의 지혜일 것이다.

그밖에 사진을 정리하고, 영정 사진을 고르고, 가족 사진을 찍고, 가족과 묘자리에 대해서도 미리 의논하고, 자신의 삶을 정리하는 회고록을 쓰거나, 가족이나 친구들에게 할 말들을 영상에 담아 놓고, 사전의료지향서를 작성하고, 유언서를 통해서 필요한 내용들을 명시해 놓는 것도 자신의 죽음을 준비하는 데 필요한 일이라 생각한다.

나는 한국에서 어머니의 71세 생신을 기념하여 친구들을 초대해 보려고 한다. 학창시절 아들같이 여기던 친구들을 어머니도 한번 만나봐야 될 것 같은 생각이 든다. 어쩌면 그렇게 친구들을 만나는 것이 어머니에게는 마지막이 될 수도 있다. 어머니가 무슨 병을 앓아 마지막 순간이 가까워진 것은 아니지만, 바쁜 현대인의 삶에서 친구의 어머니까지 만나며 산다는 것이 그리 쉬운 일이 아니다. 나의 친구들이 장례식장 영정 사진 앞에서 어머니께 인사를 드리기 보다 미리 만나서 추억과 삶을 나누는 자리가 필요하다는 생각이다.

그리고 시간이 좀 더 지나면 어머니께 미리 하는 장례식에 대해서 의논해야 될 때가 올 것이다. 아니, 죽는 것은 순서가 없기에 나의 장례식을 먼저 디자인해야 될지도 모를 일이다. 아무튼 죽음은 나의 삶의 모습이 어떠해야 하는지 생각하는 것이기에, 오늘 나를 돌아보며 내 삶에 정직하고, 진실과 사랑의 마음으로 주변 사람들을 대하는 것이 오늘 우리 모두에게 필요할 것이라고 믿는다.

새로운 의례 창조를 위한
원칙

1. 의례를 만들 때 사람의 이야기에 시간적인 우선권을 두라.

먼저 위기나 상실, 변화나 전환의 이야기-사람의 이야기 전체-를 들으라. 신화적 해결이나 신적인 이야기로 너무 빨리 치닫지 않도록 스토리텔링에 충분한 시간을 주어라. 그렇게 하지 않으면 의례는 거기에서 신적 해결책이 곧 도착하리라는 피상적이고 헛된 기대로 채워지고 말리라.

2. 의례를 만드는 데 비언어적 상징의 중요성을 인정하라.

말이 전혀 도움이 되지 않고 상징적인 동작이 꼭 필요할 때가 있다. 그런 때를 위해 단순하지만 풍부한 의례적 행위를 준비하라.

3. 행위를 설명하려는 강박 충동을 억제하라. 모호함을 존중히 여겨라.

그런 것 속에서 참석자들이 놀라운 공명을 체험할 수 있고, 참석자들이 참으로 다양한 감정이나 생각을 느끼고 체험할 수 있다.

4. 순간의 특이성에 참여하라.

다양한 상황에 맞게 의례 패턴이 사용될 수 있는데, 이런 경우 그 패턴이 상황에 맞게 조율되고 변용됨으로써 실제 위기, 생활의 전환, 사건이 적절하게 인식될 수 있도록 해야 한다.

5. 의례를 지나치게 복잡하게 만드는 것을 주의하라.

더 많은 것이 언제나 좋은 것은 아니다. 때론 적은 것이 더 많은 것이다. 축복이라는 하나의 행위, 꽃을 놓은 것, 종이를 태우는 것, 선물을 건네는 것 등은 의례적 몸짓을 많이 하는 것보다 훨씬 효과적이다.

- Herbert Anderson and Edward Foley/ 안석모 역, 『예배와 목회상담: 힘 있는 이야기, 위험한 의례』 (서울: 학지사, 2012), 278.

메모리얼 룸을 만들자

경험을 비추어 보면, 집에서 추모예배를 드리는 일은 그 의례를 거룩하게 하고, 그 의미와 기능이 모든 가족에게 제대로 전달되어 변화와 치유를 경험하기에 부족한 현실이다. 이에 한국 교회와 목회자에게 실질적인 제안을 하고자 한다.

그것은 집안에서 드리는 추모예배를 교회 안에서 드릴 수 있도록 교회가 문을 열어야 한다는 것이다. 그래서 교회마다 추모실(Memorial Room)을 만들 것을 제안해 본다. 추모의 방, 만남의 방, 메모리얼 룸 등으로 불려져도 좋다. 추모실의 규모는 30-40명 정도 들어갈 수 있는 규모이며, 거룩한 분위기가 스며나도록 스테인드글라스나 상징물을 사용하면 좋겠다. 이 추모실은 몇 가지 용도로 사용할 수 있다.

첫 번째, 가장 중요한 역할로 추모실은 추모예배를 위해서 사용한다.

매년 기일은 정해져 있기 때문에 교회에서는 미리 추모예배를 드리고 싶은 사람들에게 예약을 받을 수 있을 것이다. 추모예배를 드리기 원하는 사람은 가족, 친지들을 초대하여 함께 추모예배를 드릴 수 있다.

혹시 가족 중에 기독교인이 아닌 사람이 있을 경우를 생각하여 예배라 하지 않고 추모예식이나, 메모리얼 서비스라는 용어를 사용해도 좋겠다. 교회 소식란에 '이번 주 ○○○ 몇 주기 추모예배가 있다'고 광고한다면, 교회 공동체의 역사가 깊은 교회일수록 함께 참여하고 싶은 교인도 있을 것이고, 교회 공동체가 돌아가신 분을 기억하고 기리는 시간도 될 수 있을 것이다. 또한 목회적으로 봤을 때 장례예식을 잘 치루는 것도 중요하지만, 목회자가 돌아가신 분의 1주기를 기억하고 가족에게 위로와 힘이 되는 말을 건네는 것 또한 중요한 부분이기도 하다. 특히 1주기는 장례예식의 연장으로써 큰 의미를 갖는다고 본다. 슬픔치유 차원에서 볼 때 보통 사랑하는 사람을 떠나 보낸 후 1년 정도의 시간이 지나면, 물론 슬픔이 완전히 없어지는 것은 아니지만, 정상적인 삶의 자리로 돌아와야 한다. 이러한 1주기 추모예배를 통해 목회자는 가족의 상황을 진단할 수 있는 또 하나의 기회를 가질 수 있다.

또 특정한 공동추모제도 준비해 볼 수 있다. 여러 가지 이유(유산, 질병, 사고, 자살)로 인해서 자녀를 앞서 보낸 부모들을 위해서 공동추모제를 준비할 수 있고, 이를 통해 그들을 위한 슬픔치유 상담이나 지지 그룹을 구성하여 지속적인 관심을 주는 것도 중요하다. 또한 그해에 돌아가신 분들을 위한 공동추모제도 계획해 볼 수 있다. 미국 연합감리교회에서는 매년 11월 첫째 주를 한 해 동안 돌아가신 분을 추모하는 날로 정하고 있다(All Saints Day Memorial Service).

실제로 나는 작년 11월에 섬기고 있는 교회에서 이러한 공동추모제를 준비하고 진행했었다. 메모리얼 제단을 꽃으로 장식하고, 그곳에 돌아가신 분의 사진과 이름을 올려놓고, 영생을 상징하는 촛불의식, 추모의 시와 메시지, 특별찬양, 그리고 최근 아버지를 여읜 한 집사님의 천국에 계신 아빠에게 보내는 편지 낭송 등을 준비했다. 추모예배는 거룩함 그 자체였다. 더불어 이 추모예배에 참여한 다른 교인들도 삶과 죽음에 대해 다시금 생각해 볼 수 있는 계기가 되기도 하였다.

두 번째, 메모리얼 룸은 소그룹 세미나를 위해 사용한다. 슬픔치유 세미나, 죽음준비교육 세미나, 호스피스교육 세미나 등 죽음의 주제와 관련된 세미나를 계획하여 진행할 때 사용할 수 있을 것이다. 요즘은 웰빙(Well-being)과 더불어 웰다잉(Well-dying)에 대한 관심이 높아지고 있다. 잘 죽기 위해 잘 살아야 한다. 추모실 자체가 돌아가신 분들을 추모하는 공간이기에 자신의 삶과 죽음에 대해서 생각할 수 있는 공간이 될 뿐 아니라, 죽음 관련 세미나를 하는 장소로 적합할 것이다. 추모실 안에 들어가 있는 자체가 하나의 산 교육이 될 것이다.

이러한 세미나뿐만 아니라 아이들에게 죽음에 대한 교육을 하는 데에도 도움이 될 것이다. 한국적인 정서에서 장례식에 참여할 때 아이들이 참여하는 것을 그다지 권면하지 않기 때문에 아이들에게 죽음이라는 주제에 대해서 이야기할 기회가 많지 않다. 아이들에게 죽음에 대한 바른 이해를 심어주기 위해 교육적인 순간을 잘 포착하여 죽음에 대해 이야기할 수 있는 기회를 만드는 것이 중요하다. 교회에 추모실이 있다면, 아이들에게 자연스럽게 죽음에 대해 이야기할 수 있는 좋은 기회가 될 것이다.

세 번째, 평소에 개인적으로 와서 기도하고 돌아가신 분을 추모할 때 사용할 수 있다. 가끔은 인생의 괴로운 일로 고민할 때, 돌아가신 부모님이 생각나기도 한다. 그럴 때 부모님의 산소에 찾아가고 싶어진다. 하지만 일상의 바쁜 생활에 쫓기다 보면, 먼거리에 있는 부모님의 묘소를 일 년에 한 번이라도 찾아가는 것이 쉽지 않다. 그래서 언제라도 찾아가서 돌아가신 분을 추억하고, 추모하고, 기도할 수 있는 곳이 필요하다. 추모실은 그러한 역할을 하는 거룩한 만남의 공간을 제공할 수 있다.

또한 추모한 분의 사진을 한쪽 벽면에, 그분이 평소 즐겨하던 말이나 좋아했던 성경구절, 좌우명 등과 함께 붙여놓는다면, 이곳에서 가족에게 돌아가신 분이 남긴 말을 묵상하고 기도하며, 다시금 힘을 불어 넣을 수 있는 요소가 될 수 있다. 추모실 입구에 각자 약식으로나마 추모할 수 있는 작은 초를 준비하여 밝힐 수 있도록 돕는다. 더불어 입구에 기도노트를 만들어 기도제목을 포함하여 어떤 말이든 써 놓을 수 있게 하고, 정기적으로 목회자들이 이를 위해서 기도해 준다.

추모실에는 메모리얼 제단을 앞에 두고, 추모예식 때 그 위에 고인의 영정과 촛대를 올려 밝힌다. 이 또한 하나의 상징적 행위로 예식화할 수 있다. 또한 좌우에 고인과 함께 했던 추억의 사진액자를 올려놓을 수 있는 공간을 마련해 둔다. 이는 추모예배 전후에 사진을 통해 돌아가신 분과의 나눔과 만남을 상징한다. 평상시 계속해서 묵상할 수 있는 음악이 흘러나오도록 하면 좋겠다. 이곳을 찾을 사람들의 기도와 묵상을 도울 수 있을 것이다.

추모예식에 대해 구체적으로 말한다면, 먼저 날짜가 잡히면 적어도 한두 주 전에 담당 목회자가 가족을 만나 구체적으로 추모예식을 디자인한다. 이때 예배 인도는 누가 할 것인지, 순서에 포함하고 싶은 것이 있는지, 고인을 추모할 상징적인 물건이 있는지 등을 의논하여 예식을 디자인한다. 또한 사진액자를 준비할 것을 권면하고, 장례식에서 사용했던 사진슬라이드가 있는지 확인한다. 예배의 형식을 고스란히 따르지 않도록 하고, 음악과 시, 초와 꽃 등을 사용하여 가족이 참여할 수 있는 기회를 만드는 것도 중요하다.

이렇게 목회자와 가족이 준비하는 시간을 가짐으로써 가족이 그냥 예배에 참석하는 사람이 아니라, 그들이 이 예식을 주관하는 사람이라고 하는 인식을 갖고, 준비된 마음으로, 주도적으로 참여할 수 있도록 도울 수 있을 것이다.

그밖에 교회의 형편과 지역적인 특색, 추모하는 분 등을 고려하여 여러가지 아이디어를 덧붙일 수 있을 것이다. 특별히 담당자를 두어 추모실 예약을 도울 뿐 아니라 평소 이곳을 찾는 사람들과 대화를 하거나, 기도해 주거나, 상담할 수 있는 기회를 마련할 수 있을 것이다. 또한 선교적인 차원에서 지역사회를 위해서 열어주어도 좋겠다고 생각한다.

현재 커뮤니티 채플린으로 있는 봉사하고 있는 메소디스트 호스피탈(Methodist Hospital)의 예배실은 바로 뒤쪽에 작은 정원과 연결되어 있다. 사람들은 이곳을 힐링가든(Healing Garden)이라고 부른다. 아주 큰 규모는 아니지만, 환자와 가족, 그리고 병원 스텝이 이곳에 앉아 묵상하거나 하고, 대화하기도 하고, 책을 읽거나, 점심을 먹기도 한다. 마음의 안정과 평안을 주는 치유와 회복의 공간으로써의 역할을 하는 것이다.

나는 한국 교회에 이러한 의례와 공간을 꿈꾼다. 요즘 사회적으로 깊은 불신의 늪에 빠져 있는 기독교가 가야 할 길은 어디인가? 아직 제대로 된 신학적인 고찰과 의례에 대한 깊은 고민 없이 때마다 형식화된 예문을 디밀며, 그저 조상 제사 대신 예배를 드리자고 말할 것인가? 그것이 가족 간에 반목과 싸움으로 끝이 나더라도 신앙을 지키기 위한 노력이었다고 말할 것인가?

또한 삶의 깊은 상처로 인해 가야 할 길을 잃은 이도 있다. 상실의 아픔으로 고통당하는 이도 있다. 삶이 주는 무게에 짓눌려 주저앉아 있는 이도 있다. 교회는 이들에게 변혁적인 힘(Transformative Power)을 가진, 정성스럽게 잘 디자인된 의례(Ritual)를 통해서 자유와 해방을 경험케 하며, 치유와 회복을 선포하는 역할을 감당해야 한다고 믿는다.

미주

Annotation

1) Melissa M. Kelly, *Grief: Contemporary Theory and the Practice of Ministry* (Minneapolis, MN.: Fortress Press, 2010), 5.

2) Carrie Doehring, *The Practice of Pastoral Care: A Postmodern Approach* (Louisville: Westminster John Know Press, 2006), 7.

3) Kelly, 35-38.

4) Kelly, 44.

5) Elisabeth Kübler Ross, *On Death and Dying*, (New York: The Macmillan Company, 1969), 5.

6) Goldman, Linda/ 윤득형 역, 『우리는 왜 죽어야 하나요?』 (서울: 도서출판 KMC, 2013), 10.

7) Henri Nouwen, *Our Greatest Gift: A Meditation on Dying and Caring* (New York: HarperCollins Publisher, 1994), 18-19.

8) Donna L. Hoyert and Jiaquan Xu, "Deaths: Preliminary Data for 2011," *National Vital Statistics Reports*, Vol. 61, no. 6. Hyattsville, MD: National Center for Health Statistics, 2012.

9) Seward Hiltner, "The Debt of Clinical Pastoral Education to Anton T. Boisen," *The Journal of Pastoral Care* 3, vol. xx (1966): 130.

10) http://sasilmo.net

11) Kenneth Mitchell and Herbert Anderson, *All Our Losses, All Our Griefs: Resources for Pastoral Care* (Philadelphia: Westminster Press, 1983), 36-46.

12) Pauline Boss, "The Trauma and Complicated Grief of Ambiguous Loss," *Pastoral Psychology* 59 (2010): 138

13) Pauline Boss, *Ambiguous Loss: Learning to Live with Unresolved Grief* (Cambridge: Harvard University Press, 2000), 107-119.

14) Ronald Grimes, *Beginnigs in Ritual Studies* (Columbia: University of South Carolina Press, 1995), 44-53.

15) Tom Driver, *Liberating Rites: Understanding the Transformative Power of Ritual* (Boulder, CO: Westview Press, 1998), 30; Ronald Grimes, 41.

16) Driver, 4, 16.

17) Victor Turner, *Dramas, Fields, and Metaphors* (Ithaca/London: Cornell University Press, 1974), 273.

참고도서

References

- American Psychiatric Association. *Diagnostic and Statistical Manual of Mental Disorders*. 4th ed. Washington, DC: American Psychiatric Publishing, 2000.
- Anderson, Herbert, and Edward Foley/안석모 역, 「예배와 목회상담: 힘 있는 이야기, 위험한 의례」 (서울: 학지사, 2012), 278.
- Arnold, Joan and Penelope Buschman Gemma, "The Continuing Process of Parental Grief." *Death Studies* 32 (2008): 658-673.
- Boss, Pauline. *Ambiguous Loss: Learning to Live with Unresolved Grief*. Cambridge: Harvard University Press, 2000.
- Boss, Pauline "The Trauma and Complicated Grief of Ambiguous Loss." *Pastoral Psychology* 59 (2010): 137-145.
- Cole, Allan Hugh Jr. *Good Mourning: Getting Through Your Grief*. Louisville: Westminster John Know Press, 2008.
- Deeken, Alfons. *알폰스 데켄박사 강연집*. 서울: 각당복지재단, 1992.
- Driver, Tom. *Liberating Rites: Understanding the Transformative Power of Ritual*. Boulder, CO: Westview Press, 1998.
- Goldman, Linda/윤득형 역. 「우리는 왜 죽어야 하나요?」 서울: 도서출판 KMC, 2013.
- Grimes, Ronald. *Beginnigs in Ritual Studies*. Columbia: University of South Carolina Press, 1995.
- Hill, Margaret, Harriet Hill, Richard Bagge, and Pat Miersma. *Healing the Wounds of Trauma: How to Church Can Help*. Kenay: Paulines Upblications Africa, 2004.
- Hiltner, Seward. "The Debt of Clinical Pastoral Education to Anton T. Boisen." *The Journal of Pastoral Care* 3, vol. xx (129-135), 1966.
- Huntley, Theresa M. *Helping Children Grieve: When Someone They Love Dies*. Minneapolis: Augsburg Fortress, 2002.
- 김옥라, "호스피스의 의미와 역할." *웰다잉 교육매뉴얼*. 각당복지재단, 2010.
- Klass, Dennis. *The Spiritual Lives of Bereaved Parents*. Philadelphia: Bruner/Mazel,1999.
- Klass, Dennis, Phyllis Silverman, and Steven Nickman, Eds. *Continuing Bonds: New Understandings of Grief*. Philadelphia, PA: Taylor & Francis. 1996.
- Kübler-Ross, Elisabeth. *On Death and Dying*. NewYork: The Macmillan Company,1969.
- Lukas, Christopher and Henry M. Seiden. *Silent Grief: Living in the Wake of Suicide*. Revised Ed. Philadelphia: Jessica Kingsley Publishers, 2007.
- Mitchell, Kenneth and Herbert Anderson. *All Our Losses, All Our Griefs: Resources for Pastoral Care*. Philadelphia: Westminster Press, 1983.

- Nouwen, Henri. *Our Greatest Gift: A Meditation on Dying and Caring*. New York: HarperCollins Publisher, 1994.
- Neimeyer, Robert. A. "Fostering Posttraumatic Growth." *Psychological Inquiry* 15 (2004): 53–59.
- Neimeyer, Robert. A, Laurie A. Burke, Michael M. Mackay, and Jessica G. van Dyke Stringer. "Grief Therapy and the Reconstruction of Meaning: From Principle to Practice." *Contemporary Psychotherapy* 40 (2010): 73–83.
- Peterson, Cathy. *Call Me If You Need Anything...and Other Things NOT to Say: A Guide to Helping Others through Tragedy and Grief*. Atlanta: Chalice Press, 2005.
- Ruether, Rosemary Radford. *Women-Church: Theology and Practice of Feminist Liturgical Communities*. San Francisco: Harper & Row, Publishers, 1985.
- Sormanti, Mary, and Judith August. "Parental Bereavement: Spiritual Connections with Deceased Children." *American Journal of Orthopsychiatry* 67, no. 3 (1997): 460-69.
- The Dougy Center. *Helping the Grieving Student: A Guide for Teachers*. Portland: The Dougy Center for Grieving Children, 2004.
- Turner, Victor. *Dramas, Fields, and Metaphors*. Ithaca/London: Cornell University Press, 1974.
- Turner, Victor. *The Ritual Process: Structure and Anti-Structure*. Aldine de Gruyter, 1969.
- Wolfelt, Alan D. *The Handbook for Companioning the Mourner: Eleven Essentail Principles*. Fort Collins, CO: Companion Press, 2009.
- Worden, William. *Grief Counseling and Grief Therapy: A Handbook for the Mental Health Practitioner*. 4th Edition. New York: Springer Publishing, 2009.
- Yoon, Deuk Hyoung. "Pastoral Care and Counseling for Bereaved Parents: A Phenomenological Study of Role of Christian Spirituality in Coping with the loss of a Child." PhD diss., Claremont School of Theology, 2015.

세상과 교회의 다리 되는 **샘솟는 기쁨**의 책

ECHO BOOK 1 빛이 있는 동안 빛 가운데로 걸으라

오십오 세에 기독교로 회심한 톨스토이, 그가 누린 영혼의 기쁨과 삶의 본질에 대한 신앙고백 같은 8편의 단편을 모았다. 그의 작품은 현대 교회와 그리스도인의 결핍과 회복을 깊이 묵상하도록 한다.

톨스토이 지음 | 조병준 옮김 | 사륙판 | 264쪽 | 12,500원

ECHO BOOK 2 스펄전의 기도 레슨

뛰어난 설교가인 스펄전의 기도에 관한 27가지 따끔한 조언. 우리가 잘못 이해하거나 그릇된 태도로 추정되는 기도에 대해 조언한다.

찰스 스펄전 지음 | 유재덕 옮김 | 사륙판 | 231쪽 | 12,500원

ECHO BOOK 3 파스칼의 팡세 – 기독교를 위한 변증

천재 수학자 파스칼의 하나님, 기독교 변증서! 삶과 질병의 고뇌 중에 이룩한 파스칼의 영적 성찰이자 신앙고백! 성경 12가지 주제로 364편을 뽑아 새번역한 책! 영국의 설교자 마틴 로이드 존스는. 그를 가리켜 기독교사에 기록될 만한 성령의 사람이라고 했다.

블레즈 파스칼 지음 | 조병준 옮김 | 사륙판 | 264쪽 | 12,500원

ECHO BOOK 4 본 회퍼의 선데이 – 테겔감옥에서 쓰다

유일한 옥중소설 최초 출간. 교회의 형식주의 경향, 값싼 은혜, 습관화된 무의식적인 그리스도인, 불의에 대한 정직한 저항 등을 중산층 가정의 일상사를 배경으로 전하고 있다.

디트리히 본 회퍼 지음 | 조병준 옮김 | 사륙판 | 216쪽 | 12,500원

그래야 행복합니다 – 긍휼의 리더십

김병삼 목사의 긍휼의 리더십. 약한 나를 쓰시는 하나님을 전한다. 목회와 질병의 가시, 성도와 가족 앞에 부끄러움 등 페북 365일 묵상글을 6가지 주제, 흑백 이미지로 재구성되었다

김병삼 지음| 신국판 변형 | 272쪽 | 값13,500원

위대함을 선택하라

신앙고백과 함께, 치열한 선교 현장에서 어떻게 하나님이 이루어 나가는지 증언하고 있다. 샬롬M과 기독교학교W 재설립 과정을 전하면서 비즈니스 미션에 대해 안내하고 있다.

백바울 지음| 신국판 변형| 244쪽| 값14,500원

다르게 선택하라 – 변혁적 리더십

노컷뉴스, 김현정의 뉴스쇼, 제주순례길 등을 기획한 저자. 새로운 콘텐츠를 창출하고, 새로운 사람들과 새로운 일을 해 나가는 변혁적 리더십을 경험할 수 있다. 35가지 비하인드 스토리

민경중 지음| 신국판 변형 | 258쪽 | 값1,3500원

청년설교자의 예수 찾기

온몸으로 전하는 복음의 열정. 삶 속에서 예수를 찾는 저자의 픽션 같은 다큐멘터리. 사랑과 기쁨, 구원과 믿음 등 특유의 문법으로 안내하고 있다. 16명의 등장인물, 그들과 함께한 예수님은 일인일색이다.

서종현 지음| 신국판변형| 224쪽| 값1,3500원

루카스, 단 한 사람을 위한 복음서

세상을 바꾸는 성경 읽기의 혁명. 한국교회를 향한 외침이며 가나안 성도들을 위한 성서적 응답, 누가복음으로 세상을 읽는다.

김명섭 지음| 신국판 | 344쪽 | 값15,000원

성경 가이드 72

신학적이고 실제적인 성경 가이드북. 네이버 카페 〈주님과 항해〉운영자인 공저자는 조직신학, 성경통독 코너를 마련하여 제시한 내용들을 14가지 주제 72가지 질문으로 정리하고, 믿음의 고백을 함께 담아냈다.

황진훈, 양소영 지음|376쪽|값14,500원

나는 마커스입니다 – 설립자 김준영의 리얼토크

부르심과 통찰에 대한 마커스미니스트리 설립자의 기록. 부르심 이후 광야, 인도하심, 실행, 예배, 찬양, 연합, 네크워킹, 나의미래공작소 등 키워드별 연대기별로 읽을 수 있다.

김준영 지음| 신국판 |248쪽| 값12500원

하하하교회 블라블라 목사님 – 유쾌한 이야기 목회상식

목회적 신학하기로의 초대, 시시콜콜 알콩달콩 목회 순례기. 하하하라는 후렴구가 돋보이는 파라독스. 교회와 신앙을 위한 참고서이다. 목회 현장 상식을 포함하고 있다.

김기목 지음 | 신국판 변형 | 216쪽 | 13,000원

내가 하나님의 꿈인 것 그게 중요해

구겨진 종이컵 같았던 저자를 들어쓰시는 하나님이 너희들로 그렇게 사용하실 거라고 외치는 청소년 사역자. 그를 변화시켜 청소년을 세우는 선교사의 리얼토크.

서종현 지음| 신국판변형| 262쪽| 값13000원

하나님께서 말씀하시기를

남아공의 교수선교사. 현장에서 일흔이 넘도록 제자도를 전하는 목회 서신. 지금도 한국교회의 개혁과 아프리카의 회복을 위해 일하고 있다.

김형규 지음| 신국판 변형 | 392쪽 | 값15,000원